Die Seele auf ihrem Weg zur Vollendung

Das Ewige Wort,
der Eine Gott, der Freie Geist,
spricht durch Gabriele,
so wie durch alle Gottespropheten –
Abraham, Hiob, Mose, Elia, Jesaja
Jesus von Nazareth,
der Christus Gottes

Die Seele auf ihrem Weg zur Vollendung

Eine Offenbarung des Christus Gottes, gegeben durch Gabriele, die Prophetin und Botschafterin Gottes, im Jahr 1979

Die Seele auf ihrem Weg
zur Vollendung

5. Auflage 2022

Max-Braun-Str. 2, 97828 Marktheidenfeld
Tel. 09391/504135, Fax 09391/504133
www.gabriele-verlag.com

Druck: KlarDruck GmbH, Marktheidenfeld
ISBN 978-3-96446-308-1

Inhalt

Zum Geleit

Christus, der Sohn Gottes und Mitregent der Himmel, gab im Februar 1979 durch Gabriele, die Prophetin und Botschafterin Gottes, eine umfassende Offenbarung über „Die Seele auf ihrem Weg zur Vollendung“, die damals als Broschüre veröffentlicht wurde. Das Vorwort offenbarte der Gesetzesengel vor Gottes Thron, der Cherub der göttlichen Weisheit, auf Erden Bruder Emanuel genannt.

Dieses Werk, das bis heute nichts von seiner Aktualität eingebüßt hat, dürfen wir Ihnen in einer Neuauflage ans Herz legen. Einen begleitenden Hinweis möchten wir Ihnen dazu mit auf den Weg geben:

Vor über 40 Jahren wurde noch vielfach anders gesprochen als in der heutigen Zeit. Deshalb wurde die Ewige Wahrheit damals auch in die menschlichen Worte gekleidet, die die Menschen damals verstanden. Heute wird manches anders ausgedrückt und mit anderen Worten wiedergegeben.

Doch die Wahrheit bleibt immer die Wahrheit, einerlei, in welche menschlichen Worte sie gekleidet ist. Deshalb wird immer wieder geraten, nicht auf die Schale des Wortes zu blicken, sondern den Inhalt zu erfassen. Denn der Inhalt ist es, der den Menschen auf dem Weg des Lebens und die Seele auf dem Weg zur Vollendung weiterführt.

Gabriele-Verlag Das Wort

Vorwort zu den Grundstufen der Seele

offenbart von Bruder Emanuel, dem Cherub der göttlichen Weisheit, durch die Prophetin und Botschafterin Gottes, Gabriele

Der Geist Gottes in Christus offenbart sich durch ein irdisches Werkzeug. Er, der All-Eine im Sohn, möchte Seine Kinder belehren. Somit ist Christus der sich offenbarende Geist des Neuen Bundes, der im „Ich Bin das Licht der Welt" durch dieses Werkzeug spricht. Er lehrt unter anderem die Bewusstseinsstufen der Seelen, ihren Heimgang von der Erde bis ins Vaterhaus. Diese Lehrstufen sind Durchgangsstufen oder Reinigungsebenen für die Seelen.

Bevor der Geist des Sohnes weiter lehrt, inspiriert ein Engel des Herrn noch kurz den Aufbau der Schöpfung. Ebenso wie die Schöpfung ist jede einzelne Seele aufgebaut, in der der ewig reine Geist wirkt, vom ewigen Schöpfer geschaffen und erhalten, der unser ewiger Vater ist.

Sein Vater-Mutter-Prinzip manifestierte sich aus der Quintessenz Seiner Schöpfung. Das Herz des Kosmos ist das erstgeschaffene Urwerk, eine Urzentralsonne, die das Gravitationsverhältnis zu sämtlichen Ebenen und Sonnensystemen bestimmt.

Die Urgewalt, ein rotierendes Gebilde von geistigem Ausmaß, das man menschlich in kein Verhältnis bringen kann, belebt sieben weitere göttliche Sonnen, die Kraftströme Seiner Eigenschaften sind. An diese sieben Sonnen sind unendliche Ebenen angeschlossen, die wieder ihre Untersphären haben. Die sieben Ebenen Gottes werden – im Namen des Allerheiligsten – von sieben Regenten regiert. Diese sieben „Leuchter" heißen: Ordnung, Wille, Weisheit, Ernst, Geduld, Liebe und Barmherzigkeit.

Jede Eigenschaftsstufe kann ohne die sechs anderen nicht sein. Die erste Schöpfungsebene Gottes ist die dominierende Ordnung, die ebenfalls ihre Unterstufen besitzt. Es sind der Wille, die Weisheit, der Ernst, Geduld, Liebe und Barmherzigkeit. Im göttlichen Ordnungsgesetz sind auch alle anderen enthalten. Jede Eigenschaft ist ein Himmel mit Unterstufen, es sind weitere geistige Sphären, somit sieben gewaltige Lichthimmel, die sich als ein Ganzes im kosmischen Rhythmus einreihen. Diese geistigen Ebenen bewegen sich in elliptischen Bahnen um die Urzentralsonne. Das kleine irdische Sonnensystem zeigt uns das Verhältnis zum Urkosmos, seine Bewegung und seinen geistigen Aufbau. Wie im Perpetuum-mobile-Verfahren gibt die urgewaltige Sonne und nimmt wieder. Durch das geistige Gravitationsgesetz der Massen geht keine kosmische Energie verloren. Jede Masse zieht die andere an; so werden die feinstofflichen Planeten gehalten und laufen in den großen Ebenen nach dem Gravitationsgesetz ihre Bahnen. Zugleich laufen diese Ebenen mit ihren unvorstellbar vielen Sonnensystemen ihre elliptischen Bahnen um die Urzentralsonne. Dieses Kraftfeld ist der Zenit der Schöpfung.

Gleichermaßen sind die Seelen aufgebaut, die den geistigen Körper bilden; in und um dieses Geistkleid ist der Geist, der Odem des Lebens. Jedes Geistwesen besitzt somit einen Ätherkörper, der durch die Odkraft (Geist) getragen wird. Diese Geistkörper wurden vom Allvatergeist durch die Personifizierung Wesen, die mit dem Universum identisch sind. Ihre Körper sind Körper, aus dem großen Ganzen geschaffen; dadurch ist jedes Wesen ein Körper im Körper der Allschöpfung. Die Seele besitzt ebenfalls das geistige Gravitationsgesetz, denn sie ist wie die ganze reine Schöpfung in der geistigen Partikelstruktur aufgebaut und besitzt die göttlichen Elemente Feuer, Wasser, Erde und Luft. Ihre geistigen Gravitationsfelder stehen im Verhältnis zur ganzen Schöpfung.

So hat auch dieser Ätherkörper den Dehnungsprozess in sich, so wie alle göttlichen Ebenen sich ausdehnen können durch die geistige Odkraft, da die Welten der ewigen Heimat sowie alle Ätherkörper von feinstofflicher Natur sind. Die Liebe ist das Dominierende. Jede

Funktion des kosmischen Lebens drückt die göttliche Liebe aus; sie ist tragend, verbindend und in sich selbst wiederum befreiend, so man in ihr aufgeht, denn alles ist Liebe, vom ewigen Geist der Liebe erschaffen und ewig getragen in dem „Jetzt", das keine Vergangenheit und Zukunft kennt.

So atmet die Schöpfung Gottes, und so atmet jeder geistige Körper, so auch das Geistwesen, das ein Körper aus diesem Allvaterkörper ist. Jeder Mensch besitzt diesen Ätherkörper, den ich kurz erörtern möchte.

Der Ätherkörper ist die Seele, die in der Partikelstruktur aufgebaut ist. Der geistige Äther ist der ewig reine Geist, der Erhalter des Lebens. Die Seele, die in der Heimat zum reinen Ätherkörper wird, bringen wir in Verbindung mit dem Menschen. Der Ausdruck „Seele" wurde durch den Fall geprägt, da sie durch den Eigenwillen sukzessive die paradiesische Heimat verlassen musste und durch die Eigenverschuldung in die Tiefe ging. Wird gegen den Odem des Lebens verstoßen, so gibt es eine andere

Strahlungstendenz, die Odkraft lässt nach, das heßt das Lichtwesen nimmt durch den Eigenwillen ein anderes Strahlungskleid an. Durch den Fall der Geistwesen wurde die geistige Kraft geschmälert und die Partikelstruktur verkleinerte sich. Da das einstmalig reine Geistwesen unrein wurde, falteten sich die rein geistigen Ebenen. Sie traten, um mehr geistige Kraft zu erhalten, näher an das Herz des Geistes, denn der Mittelpunkt in jeder Seele ist der Erhalter des Lebens, der Geist. So verkleinerte sich der Ätherkörper, und die Verdichtung nahm durch den Eigenwillen zu, da das Geistwesen das Reich der Reinheit verlassen musste.

Durch die Jahrmilliarden entstand der Mensch, der eine verdichtete Substanz ist, eben dieser materiellen Schwingung angepasst. Die Seele hat sich eingeschachtelt; dadurch sind die reinen geistigen Ebenen nicht zu belasten. So ist der Seele bewusster Zustand in der Nähe der Hirnanhangdrüse und ist mit dem menschlichen Gehirn verbunden. Die belastete Schwingung ist die Verdichtung des irdischen Körpers.

Der Mensch ist somit geistig verdichtete Substanz so wie auch die Natur. Lebensorgane haben sich im Laufe der Jahrmilliarden gebildet, da er Nahrung, seiner Schwingung gemäß, aufnehmen muss. Auch die reinen Geistwesen nehmen geistige Nahrung auf, sie ist geschaffen für die Schwingungstendenzen der rein geistigen Welten. Der Ätherkörper des Menschen, Seele genannt, ist mit den Gehirnströmen verbunden; dadurch ist die Seele zur Registratur des menschlichen Lebens geworden. Durch das kosmische Strahlungsgesetz, das in jeder kinetischen Seele ist, nimmt diese alle Einzelheiten des menschlichen Lebens wahr. Die Partikelstruktur der Seele verfärbt sich entsprechend unserem Leben; ob positiv oder negativ – alles registriert die Seele, die sich durch den Gang in die Tiefe Ebenen schuf, die für sie durch Jesus, den Christus, zu Reinigungsebenen geworden sind.

Die Strahlungseffekte der menschlichen Aura weisen das Bild der mehr oder minder belasteten Seele auf. Tritt die geistige Substanz aus der

Erdmasse Mensch, so nimmt sie diese kosmische Strahlung mit. Durch den Gang in die Tiefe bildeten sich neue Lebensformen, dadurch veränderte sich die geistige Partikelstruktur. Sie müssen durch die Erkenntnisse des göttlichen Lebens aufgelöst werden, so dass sich die rein geistigen Himmel entfalten können. So wie sich der Ätherkörper verkleinert, so dehnt er sich durch die Erkenntnisbreite des Lebens in Jesus, dem Christus, wieder aus.

Amen.

Die Seele auf ihrem Weg zur Vollendung

offenbart von Christus, dem Sohn Gottes und Mitregenten des Reiches Gottes, durch die Prophetin und Botschafterin Gottes, Gabriele

Erste Seelenstufe (Ordnung)

Ich Bin die Freiheit, so spricht Christus, der Sohn Gottes, durch Mein Werkzeug in dieser Zeit. Wer Ohren hat, der höre; wer seine Sinne aufschließt, der wird Mich im Herzen erkennen, den Sohn Gottes. Ich Bin in die Welt gekommen, um Zeugnis von dem Leben zu geben, das die Seele frei macht. Ich betone in dieser Stunde: das die Seele frei macht.

Der Mensch bindet sich immer wieder an Traditionen und Formen und schließt sich Organisationen an. Mein Leben als Jesus von Nazareth war durch den ewig Heiligen Geist erfüllt, dadurch war Ich frei. Ich versuchte, die Templer zu belehren und für die Freiheit zu gewinnen; sie aber wollten Mich, den Sohn Gottes, belehren.

Ich liebte und liebe die Freiheit, Ich erkannte als Jesus das ewige Walten Gottes, das überall zu schauen ist.

Ich sage zu euch: Ihr seid freie Kinder. In euch ist Mein Geist. Ihr braucht keine Tradition und müsst keiner Organisation angehören. In euch ist das Leben. Dies Leben Bin Ich!

So ihr tagtäglich mit Mir Zwiesprache haltet und in den Abendstunden zu Mir kommt und sprecht: „Christus, Du Erretter meiner Seele, Du bist in mir. Ich ziehe meine Bilanz, Soll oder Haben, was war positiv am heutigen Tag oder negativ, was kann ich besser machen?" – so werde Ich mit euch jeden Abend das Abendmahl halten. Denn das Abendmahl ist in euren Seelen durch die Kraft des ewigen Geistes, der in euch wirkt. Lasst Ihn wirken und in euch entflammen, damit ihr erkennt, welche kostbare Perle der Vater euch gegeben hat – sie ist die Kraft des Christus.

Meine lieben Kinder, so spreche Ich im Namen des Vaters, da Ich den Auftrag übernahm, euch in das Ewige Reich zu führen. Unwissend ist der Mensch – und warum? Weil er mit den Traditionen und Formen verwurzelt ist. Werdet frei und hört das uralte Wort, die göttliche Offenbarung. Von Urbeginn spricht der Geist des Lebens in die Seelen ein, doch der Mensch hat das Wort des Allerhöchsten verbannt, da er sich in Organisationen flüchtete und den göttlichen Geist, das prophetische Wort durch den Menschen, nicht mehr akzeptierte.

Zu allen Zeiten belehrte Gott Seine Kinder. Nun ist wieder eine neue Zeitepoche angebrochen, die ebenfalls für die Menschheit zu Ende geht. Allerdings bringt sie eine Wende im Geiste, denn der Geist sprach: *„Es werde eine neue Erde und ein neuer Himmel.“*

Ich lehre für die Jetztzeit und in dieser Stunde die erste Grundstufe der Seele – sie ist die Ordnung.

Es gibt sieben Stufen in der Grundstufe der Ordnung; neben der Ordnung:

Wille, Weisheit, Ernst, Geduld, Liebe und Barmherzigkeit. Sie bilden die sieben Trageigenschaften des Kosmos.

Aus diesen Gottesstufen gehen sieben manifestierte Engelfürsten hervor, die diese Ebenen regieren, deshalb auch sieben Grundstufen in jeder Seele.

Sieben Grundstufen, in ihnen wiederum die Unterstufen, müssen alle von der Seele aktiviert werden, denn keine Eigenschaft kann ohne die andere bestehen. Eure geistige Seelenstruktur ist nach der göttlichen Schöpfung aufgebaut und ausgerichtet, das heißt, sie schwingt wie das Universum schwingt; in diesem Rhythmus sollte auch eure Seele schwingen. Die göttliche Schwingung muss von jeder Seele aktiviert werden, erst dann kann die Seele ins Vaterhaus zurück.

Das Gesetz Gottes ist Strahlung. So, wie diese Erde von ihren Magnetfeldern durchströmt wird, so auch sämtliche Planeten. Einerlei welche Schwingung und Masse – alles schwingt, strahlt und pulsiert. Das ganze göttliche Leben ist auf Strahlung aufgebaut; sie durchdringt alle Systeme und alle Himmel, sie ist auch das Leben der Geistwesen. Durch die Strahlung werden unter anderem die Ätherkörper belebt. Das ganze Schöpfungs-All ist in jeder Seele, da die Seele ein Mikrokosmos im Makrokosmos ist. Jede Seele muss sich wandeln und auf das Höchste ausrichten, nämlich auf Gott, unseren ewigen Vater. Im Geiste des Ewigen ist der Sohn Gottes das Licht der Welt, der jede Seelenstruktur auf die Vollkommenheit vorbereitet, die von Gott, unserem ewigen Vater, jedem Wesen gegeben wurde. Die Vollkommenheit ist das Leben aus Gott, in ihr sollte die göttliche Liebe verwirklicht werden.

Meine lieben Kinder, die Ordnungsstufe ist eine Grundstufe mit sechs weiteren Unterstufen;

sie gliedert sich diesem Sonnensystem an. Das Sonnensystem ist in ein Plasma eingehüllt. Keine niedrige Schwingung kann das Plasma durchdringen; alles Negative, wie auch das Positive, fällt auf die Erde und ihre Kinder zurück. Wenn eine Seele ihr Erdenkleid verlässt, so entsteht bei den Angehörigen die Frage: Wohin geht die Seele? Diese Frage und ähnliche sollte sich der Mensch des Öfteren stellen, nicht nur bei einem Todesfall. Sehr oft könnte er sich diese Fragen selbst beantworten, so er richtig fragt, wie z.B.: Wie hat der Mensch gelebt? Liebte er die Ordnung in seinem Leben? War er gläubig? Hat er Christus in sich erkannt? Wusste er um das ewige Leben? Wusste er, dass Christus die Seele leitet? Hat der Mensch die Zehn Gebote gelebt, oder war er ein oberflächlicher Mensch? So das Letztere der Fall ist, bleibt die Seele in einer dieser Unterstufen der Ordnung gebunden.

Der Planet Erde gehört zum Bereich der Ordnungsstufe; auf ihm ist der Schauplatz der Erdgebundenen. Alle unwissenden Seelen fragen um das Wohin oder was mit ihnen geschah oder geschieht; es waren unter anderem ungläubige Menschen, es waren Mörder, Spieler, Trinker; es waren einst Menschen, die glaubten, ihr Leben läuft mit dem Erdenleben aus. Solche und ähnliche Seelen befinden sich auf der Ordnungsstufe. Wie leben diese Erdgebundenen? Sie leben auf vielfältige Art und Weise oftmals auch unter den Menschen! Sie gehen weiterhin in Lasterhöhlen, sie balgen und streiten sich, sie versuchen zu morden. Wenn der Mensch ein Mörder war, bleibt die Seele an diesen Trieb gefesselt, bis sie die göttlichen Belehrungen annimmt.

Die unwissenden, gebundenen Seelen der Ordnungsstufe versuchen, mit ihresgleichen zu leben, das heißt, sie klammern sich an Menschen, da sie von ihrem Seelenzustand wenig wissen. Sie leben, so könnte man sagen, in ihrer eigenen Scheinwelt, da sie im Erdenkleid die göttlichen Gesetze nicht beachtet haben. Sie verharren in den Vergnügungslokalen, feiern, schlagen und raufen sich, so, wie sie es als Menschen taten. Wenn sie dann von ihrer Wahnvorstellung erwachen und bei den Menschen kein Gehör finden, werden sie aggressiv; dann versuchen sie, Menschen zu beeinflussen. Hiermit geben sie sich den Selbstbeweis, dass sie leben und den Menschen ebenbürtig sind. Sie fühlen sich dann stärker und auch wissender als der Mensch. Sie hören auch, was in der ganzen Welt gesprochen wird, da sie in ihrer Schwingungsstufe mehr wahrnehmen als die Menschen. Dadurch dringen Dinge an des Menschen Ohr, die Teilwahrheiten oder aber auch Streiche der Erdgebundenen sind. Damit machen sich die niederen Seelen wichtig. Ganz besonders ist das dann der Fall, wenn ein medialer Mensch seinen Kanal für diese Schwingungsebene öffnet. Der Geist nennt dies auch den Vulgärspiritismus, der vom göttlichen Prinzip nicht bejaht wird. Die Seelen, die sich durch solche Kanäle kundtun, besitzen für diese Ausstrahlungen wenig Kraft – sie wird vom medialen Menschen und von den Zuhörern genommen. Der Geist Gottes wirkt hier kräftemäßig nicht aufbauend, da er das Tun nicht befürwortet.

Strebt nach dem Höchsten und bittet euren Vater in Jesus, dem Christus, und dann verlangt nach den Dienern der Reinheit, denn jedes Kind ist ein Geschöpf des Allerhöchsten. Wer sich mit Niederem umgibt, wird Niederes anziehen! Wer um das Höchste in Demut und Liebe bittet und die Nächstenliebe lebt, wird auch das Licht anziehen, denn Gleiches zieht Gleiches an.

Ist die Seele im Göttlichen erwacht, dann erkennt sie, dass Christus der Weg in die Befreiung ist. Dadurch kann sie, so die Seele dementsprechend lebt, weitergeführt werden, je nach Steigerung ihrer Lichtintensität entweder in eine Unterstufe zu den Planeten des Willens, dann zur Weisheit und zum Ernst sowie zu der Geduld, Liebe und der Barmherzigkeit. All diese Planeten sind noch im Sonnenplasma; sie bilden die erste Grundstufe, die jede Seele zu absolvieren hat.

Meine lieben Kinder, zu höheren Ebenen und geistigen Planeten kann die Seele nur gelangen, wenn sie Kenntnisse besitzt und sie auch lebt. Die Erkenntnisse nützen den Menschen und den Seelen nichts, wenn sie nicht gelebt werden, denn jede Seele muss ihre geistigen Magnetströme auf jenen Planeten ausrichten, den sie in ihrer geistigen Partikelstruktur erschlossen hat.

So wie der Mensch zu dieser Erde gehört und von ihr angezogen wird, so wird die Seele von jenem Planeten angezogen, dessen geistige Frequenz sie besitzt. Die Seele hört sofort nach ihrer Entkörperung Töne, eine Art Sphärenmusik. Sie erkennt Farben und Formen; das sind Planetenschwingungen und Lichtintensitäten, zu denen die Seele tendiert. Von ihnen wird sie, sobald sie entfaltet ist, angezogen werden.

Auf den Planeten befinden sich geistige Wohnstätten, die aus der Substanz des Planeten von den verantwortlichen Geistwesen geschaffen wurden. Jeder Planet wird von einem Geistwesen beaufsichtigt. Ihm ist auch die dort lebende Tier-, Pflanzen- und Mineralwelt anvertraut. Jedes Geistwesen leitet die Werke des Herrn in absoluter Liebe und Harmonie; in diesem Lebensrhythmus werden auch die Seelen belehrt. Wenn die absoluten Ordnungsprinzipien nicht angenommen werden, bleibt die Seele eine längere Zeit auf dem Planeten, bis sie die Lehre annimmt und auch lebt. Jede Seele wird individuell geführt und belehrt, ihrem inneren Zustand und Reifegrad entsprechend.

Meine lieben Kinder, die Lehrstunden für die Seelen sind keine Erdenstunden, sondern es können Äonen von Zeiten sein, bis sich eine Seele selbst erkennt. Außerdem kommt es auch auf die Lernwilligkeit der Seele an. Es ist genauso wie auf dieser Erde. So wie die Menschenkinder belehrt werden, so auch die Seelen. Spricht der Mensch oder die Seele „Ich habe es mir nur angehört", so bleibt die Seele oder der Mensch gebunden. Ein Vorwärtskommen gibt es nur, wenn das Gehörte gelebt wird. Die ewige Liebe kennt keine Zeit. Geduldig kann sie warten, bis die Seele einen Liebegrad erreicht hat; erst dann kann der Lehrengel weiter aufbauen. Nach diesem Lebensziel richtet sich der Seelenmagnet auf eine nächsthöhere Bewusstseinsebene aus. Die Seele wird dann erneut höhere Schwingungsmelodien wahrnehmen, von denen sie erst angezogen wird, wenn sie einen weiteren Lebensgrad in ihrer göttlichen Partikelstruktur erreicht hat.

Die Bewusstseinsevolution erfolgt nach deinem Lebens- und Liebegrad. Viele Seelen fühlen sich auf den Unterstufen der Grundstufe der Ordnung wie zu Hause, manche denken, schon das Himmelreich erlangt zu haben, bis ihnen für den wahren Zustand der Schleier der Einbildung genommen wird; dann erst erkennen sie die eigenen katastrophalen Verhältnisse und die von jenen, die ohne Liebe und Gleichmaß mit ihren Traumbildern leben.

„Erkenne dich selbst“ heißt die Devise besonders in der Grundstufe der Ordnung. Vieles wird Meine Seelenkinder gelehrt. Bis sie erwachen, kann es gerade auf der Ordnungsstufe für menschliche Begriffe Tausende von Jahren dauern. Auch eine erneute Inkarnation wird gerade von Meinen Seelenkindern, die auf dieser Stufe leben, besonders angestrebt, da ihnen die Liebeverbindung zu Gott und Seinem Leben fehlt. Die Lehrengel bemühen sich sehr, die Seelen die Allmacht Gottes zu lehren und sie ihnen zu zeigen. Gerade über die Ordnungsstufe steigen die Teilstrahlen der Mineralien, die Teilpartikelchen oder Gruppen- oder Teilseelchen der Pflanzen und des Tierreichs auf. Wenige dieser erdgebundenen Seelen entwickeln eine rege Beteiligung an diesem Aufwärtsstreben des Schöpfungslebens. Wie wunderbar ist gerade in dieser Stufe die Evolution der Schöpfungselemente zu sehen, denn auch sie werden nach einem gewissen irdischen Lebensrhythmus von den rein geistigen Ebenen oder von hohen Lebensformen angezogen. In dieser Stufe fehlt der Seele das Interesse für die göttliche Liebe und deren Lehre. So wie die Menschheit ihr Streben auf die Materie ausrichtet, so auch die Seele in diesen Seelenbereichen. Des Menschen Spruch lautet: „Wie der Baum fällt, so bleibt er liegen“, das heißt, wie der Mensch gelebt hat; in diesem Zustand verharrt die Seele.

Auf wunderbare Art und Weise wird vom verantwortlichen Geistwesen das Tierreich, das sich auch in der Grundstufe der Ordnung aufhält, ausgerichtet. Die interessierten Seelen erleben, wie sich der Löwe zum Lamm legt, wie Katze und Maus die Gemeinschaft pflegen, so auch Katze und Hund. Die Vögel leben mit den Kriechtieren in Harmonie. Fressen und Gefressen-Werden gibt es nicht mehr! Dies zu schauen, wäre für Meine Seelenkinder schon in der Ordnungsstufe eine herrliche Weiterführung, so sie dafür ihr Herz aufschließen könnten.

O sehet, so wirken der Führengel und Lehrengel. Ihr werdet fragen: „Wo kommen die verantwortlichen Geistwesen und Lehrengel her?" Sie kommen aus den heimatlichen Gefilden. Die Lehr- sowie die Führengel kommen aus ihren himmlischen Sphären. Wird z.B. ein Lehrengel in der Grundstufe der Ordnung oder des Willens gebraucht, dann wird ein Geistwesen aus den rein geistigen Himmeln entweder von der Himmelsstufe der Ordnung oder des Willens zu den Lehrstufen gehen. Die Geistwesen vertreten in den Reinigungsebenen, oder Lehrebenen genannt, die Regentschaft der Himmelsstufe, der sie angehören. Nach ihren Kenntnissen belehren sie auch die Seelen.

Werden die Lehren nicht angenommen, so wird im Ablauf von einem bestimmten geistigen Zyklus der Seelenschutz (Christusschutz) zurückgehen, wodurch ihre Taten als Bilder produziert werden. Damit sollte die Seele zur Seelenreue angeregt werden. Wenn der Seelenschutz zurückgeht, dringen die kosmischen Strahlen in die Seelenpartikel ein, sie fördern die Anregung zur Schulderkenntnis.

Nur die Erde besitzt eine entsprechende Atmosphäre, die eine Filterwirkung der Strahlung aufweist. Das ist im weitesten Sinne nicht mehr bei allen anderen feinerstofflichen Planeten der Fall, da sie andere klimatische Verhältnisse aufweisen.

Weiterhin soll die Seele zur Selbsterkenntnis und zur Vergebung sowie auch zur Nächstenliebe angeregt werden!

Der Menschen Herzdenken ist verkümmert. Sie reden wohl von ihrem Erlöser, doch ihr Herz ist weit entfernt von der einzig beständigen Kraft. Jede Stufe, die Ich erörtere, habe Ich durch die Erlösung erschlossen, nicht nur in der Unendlichkeit, sondern auch in jeder Seele. Sehr weit könnte der Mensch im Geiste gereift sein, denn fast 2000 Jahre Gnadenzeit sind vergangen. Während dieser Zeit hätten Menschen und Seelen einige dieser Stufen absolvieren können. Allen ist die Kraft verliehen, sämtliche Stufen im Erdenkleid zu besiegen. Da aber der siegende Christus nicht erkannt wird, so frage Ich: Mit welcher Macht wollt ihr siegen? Mit der Eigenliebe und Selbstsucht, mit dem Trugbild des Äußeren?

Diese irdischen Wesenheiten hat sich der Mensch erdacht, deshalb ist die Seele an sie gebunden. Jede Seele wird den Himmel erlangen, wenn sie sich von den irdischen Wesenszügen löst und die Bewusstseinsstufen des Geistes anstrebt, denn jede einzelne Stufe muss sie durchschreiten.

Was ist ein Trugbild? Zum Beispiel eure äußere Kirche. Wenn der Mensch mit dem Kirchenglauben verwurzelt ist, kann die Seele nicht frei werden, da es im Reiche Gottes keine äußere Kirche gibt. Die Seele muss sich in einer Wesenheitsstufe, auch Eigenschaftsstufe genannt, von ihrem auferlegten Bann befreien.

Wenn ein Priester mit dem Dogma verbunden ist, bleibt die Seele des Priesters an das Dogma gebunden. Eine hartnäckig verkrampfte Seele kann Äonen von Zeiten in diesem Zustand leben, bis sie das wahre und freie Fundament Christi erkennt.

Im zeit- und raumlosen siebendimensionalen Leben gibt es viele Abtragungsmöglichkeiten. Deshalb muss jede Seele ihrem Reifegrad entsprechend geführt und belehrt werden.

Die Menschheit klammert sich an ihre Bibeln, sie spricht von den zitierten Jesuworten, doch die wenigsten Meiner Kinder leben danach. Wenn das Aufgezeichnete nicht gelebt wird, so ist jedes Buch, auch die Bibel, für die Menschen wertlos. Ich spreche ungern von den

Bibeln, da in ihnen nur noch Teilwahrheiten zu finden sind. Durch die vielen Übersetzungen, die Nichterleuchtete durchführten, ist das heilige Werk ein Menschenwerk geworden, woraus der Geist nur noch die Wahrheiten zitiert oder einiges klarstellt. Die Heilige Schrift sind die Papyrusrollen; sie beinhalten den hohen Sinn des Lebens, sie sind heilig, da sie der einzig Heilige, Mein Vater, inspiriert hat.

Ich gehe wieder zur Stufe der Ordnung zurück. Die müden irdischen Wanderseelen, die von Rauschgift, Alkohol und von schlechten Worten und Werken gepeinigt sind, brauchen nach der Entkörperung viel Ruhe.

Das verantwortliche Geistwesen hat im Namen und nach dem Willen des Herrn die bewilligten Ruheplaneten für Seelen verschieden gestaltet. In der Grundstufe und in den Unterstufen der Ordnung befinden sich unter anderem die Planeten der Ruhe. Den Seelen wird es freigestellt, welchen Ruheort sie wählen. Allerdings muss der Planet mit den Schwingungen der Seele harmonieren. Auf den Ruheplaneten befinden sich Pinienhaine, Ruhewiesen, Häuser, Gärten. Alle Formen und Farben sind für den Schwingungsbereich der Ordnungsebene. Wie die Erde ihr materielles Leben durch die Kraft Gottes hervorbringt, so auch alle anderen Planeten. Die Seele kann je nach Belieben entweder im Garten, auf einer Bank, im Haus oder auf einer Ruhewiese Erholung finden, allerdings wird sie ständig von einem Lehrengel bewacht. Die Seelen schlafen nicht so wie der Mensch – sie ruhen.

Jede Hilfe wird den Seelen zuteil, doch nicht immer wird sie angenommen. Ob sich die Seele fügt oder nicht, ob sie ruht oder weiterhin unter ihresgleichen lebt und wirkt, die Bestrahlung kommt einst für jede Seele, wenn es auch Äonen dauert. Die Erweckerin, es ist die Sonne, wird einst jede Tat berühren; das Licht bringt alles an den Tag. Dadurch wird jede Seele zu einer Entscheidung geführt, entweder zur Weiterentwicklung oder zu einer weiteren Inkarnation. Liebevoll wird das den Seelen durch die Lehrengel offenbart.

Über die Seelenbilder, die durch die kosmische Einstrahlung entstehen, können sie selbst und durch die Mithilfe eines Lehrengels ihren Seelenzustand erkennen, aber auch ihre Entwicklungsmöglichkeiten. Der Lehrengel erörtert ihnen die Schwierigkeiten einer weiteren Inkarnation oder die Aufstiegsmöglichkeiten; er spricht auch von den Gefahren, die eine erneute Inkarnation mit sich bringt. Aber auch der Äonenzyklus wird angedeutet und in ihm die Aufstiegsmöglichkeiten der Seele erörtert. Gerade aus der Ordnungsstufe drängen viele Wesen zu einer erneuten Inkarnation, da der ehemalige Mensch, so auch die Seele, unwissend waren und sind. Nicht jede Seele nimmt eine Belehrung an. Schroff werden die Lehrengel von den Seelen behandelt, eben so wie der Mensch einst lebte und sich gab.

Überaus geduldig sind die Lichtboten, um den Seelen das nötige Wissen zu übermitteln. Ab und zu müssen auch erzieherische Schwingungen der Ordnungswesenheit, oder Eigenschaft genannt, angewandt werden, denn das vollkommene Geistwesen kann aus allen sieben Eigenschaftsschwingungen schöpfen und handeln. So wie der allgegenwärtige Geist Seine sieben Eigenschaften, in diesen die vier Wesenheiten sind, benützt und sich durch die unterschiedlichen Schwingungstendenzen offenbart, so ist es auch dem vollkommenen Geistwesen möglich, da Gott, der Herr, jedem Seiner Wesen in den Geistleib die Ganzheit gelegt hat, nur nicht die Allgegenwart – sie ist nur in Gott-Vater und dem Christus Gottes begründet.

In allen Ebenen heißt das Lebenswerk: „Heimführung aller Kinder Gottes". Das, was in den Reinigungsebenen geschieht, soll auch auf der Erde geschehen. Auch auf der Erde heißt es: Heimholung aller Kinder Gottes durch Jesus, den Christus, Seinen Sohn, der Menschheit Erlöser. Beachtet: Jedes Zukunftsbild, das sich der Mensch macht, gibt eine Reflektion in der Seele. Deshalb ist es sehr wichtig, allezeit in der Gegenwart mit Gott, unserem Vater, und mit eurem Erlöser zu leben.

Wer andere durch das Wort oder die Tat verführt, muss die Belastung der Verführung abtragen, bis ihm für sein Tun vergeben wird – erst dann kann Gott ihm vergeben. Wer falsch belehrt, muss ebenfalls dafür abtragen. Der Verführte muss dem Verführer vergeben! So lange bleibt eine Seele gebunden, bis der Verführte durch die geistigen Erkenntnisse vergeben hat.

Deshalb achtet auf eure Gedanken, Worte und Werke. Wie schnell können sie der Seele zum Verhängnis werden. Wer eine Ursache immer wieder erwähnt, hat sie noch nicht vergeben, wenn er es auch glaubt. Durch das Zitieren der Ursache wird sie immer wieder herbeigeholt, da alles Schwingung ist.

Wer die Schöpfung Meines Vaters liebt, liebt auch Seine Geschöpfe, den Menschen und alles höhere und niedrigere Leben. Bemüht euch, allem Schöpfungsleben Liebe entgegenzubringen. Entzieht euch dem negativen Einfluss, versucht, positiv zu denken. Dann, Meine lieben Kinder, erwacht in der Seele die Schöpferkraft.

Sie entbindet eure Seele von der Stufe der Ordnung, da ihr sie als Menschen schon durchschritten habt, durch die Kraft des positiven Denkens.

Die erste Grundstufe, die Ordnung, beinhaltet auch ihre Unterstufen. Zum besseren Verständnis wiederhole Ich sie: Ordnung ist die Grundstufe; die Unterstufen sind Wille, Weisheit, Ernst, Geduld, Liebe und Barmherzigkeit.

Ich Bin das Leben in jeder Seele und in jedem Menschen – kommt zu diesem bewussten Leben. Wer in Mir lebt, wird frei, so frei, wie Ich als Jesus von Nazareth war. Ich Bin der lebendige Christus, der in jeder Seele wohnt. Der Christus war in Jesus; durch die Erlösertat Bin Ich in euch. Wer zum Licht der Wahrheit strebt in Gedanken, Worten und Taten, der lebt in der ewigen Segenskraft Meines Vaters.

Amen.

Zweite Seelenstufe
(Wille)

Ich Bin das Leben! Diese Worte solltet ihr euch stets vergegenwärtigen, denn nach Meinem Sinn wird die Seele den Himmel der Liebe erlangen, den Ich für sie zurückerobert habe, denn der Sinn des Lebens ist die Liebe! Schließt eure Herzen auf und tretet in das innere Königreich ein, dort Ich wohne. Sucht Mich nicht in der Welt des Äußeren; Ich Bin gekommen, um euch das Heil des Inneren zu verkünden, das „Ich Bin". Ich Bin diese ewige Existenz, die vom Vater ausging, um wieder alle in das Vaterhaus zu führen.

O könntet ihr nur in eure inneren Bereiche eintreten und eure eigene Existenz in diesem „Ich Bin" erkennen, dann würdet ihr allezeit in dieser göttlichen Gegenwart leben. O höret die Worte: „Leben" – steht ihr nicht in der Begrenzung des Todes? Doch Ich, der Fleisch angenommen hatte, Ich, der wiederkommt, und zwar in den Meinen, Ich lebe in euren Seelen. Seid ihr nicht alle die Meinen? Bin Ich nicht für alle gestorben und wieder auferstanden, auf dass auch ihr auferstehen könnt?

Doch wie sieht es aus mit diesem „Vollbracht“? Das Wort ist Fleisch, der Geist hat sich auf das ewige Vaterhaus ausgerichtet, nur eure Seelen schlummern noch im Diesseits.

Der sich offenbarende Geist des Neuen Bundes, Christus, möchte eure Seelen erwecken und euch den Weg ins Vaterhaus zeigen, denn nur durch Mich kommt ihr in diese Freiheit, die ihr in euch besitzt. Deshalb solltet ihr das Leben erkennen und nicht in der Vorstellung des Todes verharren. Fürchtet euch nicht, denn Ich Bin bei euch alle Tage eures ewigen Lebens. – Sind das nicht wunderbare Worte, Gedanken der Liebe? Sie sollen tief in eure Seelen eindringen und das bewerkstelligen, was Ich aussprach und immer wieder ausspreche: Ich Bin die ewige Existenz. Diese ewige Existenz ist der Christus, der die Menschen und Seelen angenommen hat und beseelen möchte. Alle führe

Ich zum Vater, zu Gott, unserem Herrn, der das Leben ist. Dieser Gott ist der Wirkungskreis in jeder Seele. Wenn ihr allerdings Gott nicht anbetet, nur die Welt, so werdet ihr lange auf dieser Ordnungsstufe leben, die Ich schon erörtert habe.

Die Menschheit lebt auf dieser Ordnungsstufe. Weshalb? Weil sie die niedrigste Schwingung im Universum ist.

Doch Gott sandte Mich, Seinen Sohn, auf diese Stufe, damit die Seelen über die Ordnung in die Bereiche der Vollkommenheit gelangen können. Für Meine Erdenkinder muss Ich auch in der Grundstufe des Willens einiges wiederholen, damit sie die Zusammenhänge des Geistes besser verstehen.

Im göttlichen Reich gibt es sieben Eigenschaften, in ihnen die vier göttlichen Wesenheiten. Es sind: Ordnung, Wille, Weisheit, Ernst, Geduld, Liebe und Barmherzigkeit. Sie bilden die sieben Himmel, die um die Urzentralsonne kreisen. Das Hoheitsgestirn des Vaters, so wollen wir die

Urzentralsonne nennen, trägt sämtliche Ebenen durch das geistige Gravitationsgesetz. Ihr wisst, die Massen ziehen sich untereinander an, so auch die Urformen.

Gigantische schwerelose Planeten kreisen in den ihnen zugedachten Himmelsebenen um ihre Sonnen. Die Ebenen, oder Himmel genannt, werden von den manifestierten Eigenschaften regiert, sie sind unter anderem die Söhne Gottes. Erkennet: Ich Bin der Erstgeborene, der euch belehrt und euch über alle diese Stufen ins Vaterhaus führen wird.

Das erste Fallkind, ihr sagt, „der Luzifer" – einige unter euch wissen, da Ich es lehrte: es ist ein weiblicher Engel –, er wollte sein wie Gott, er wollte eine geteilte Schöpfung! Durch Meine Barmherzigkeit, die Ich der Welt im Fleische darbot, besiegte Ich den weiblichen Engel. Die Schöpfung kann nicht geteilt werden, da sich die Massen untereinander tragen. Allerdings wurden Teile von geistigen Planeten aus der ewigen Heimat ins Universum hinausgetragen. Durch die negativen Gedanken verdichteten sich die Teilplaneten. So ist auch eure Erde nur ein Teilplanet, der in sich allerdings alle sieben göttlichen Strahlen birgt. Die Grundsubstanz gehört in die ewige Heimat zu den Urplaneten, die feinstofflich sind, so wie euer ewiger Körper; auch ihr seid, jeder Einzelne von euch, ein Körper aus dem großen Allvaterkörper. Wenn das Geistwesen in die Tiefe geht, dann schachtelt sich die flexible Seele ein, die den Körper des Geistes bildet.

Ein Gleichnis zu eurem besseren Verständnis: Viele irdische Blumen öffnen sich nur, wenn sie vom Sonnenlicht bestrahlt werden. Ist die Sonne durch die Wolken verdeckt, dann bleiben die Blumen geschlossen.

Das Licht ist der Kraftstoff des Lebens. Wenn sich durch den Eintritt in die Erdsphäre das Licht verringert, so verändert sich auch das Licht in der geistigen Partikelstruktur. Dadurch drängen die Seelenpartikel zu dem noch vorhandenen Licht, das heißt, sie beginnen sich einzuschachteln, damit sie vom Urkraftstoff, dem Licht, leben können. Wenn sich die geistige Partikelstruktur verkleinert, dann erwartet die Seele ihr neugeborenes Erdenkleid. Das heißt, beim ersten Schrei des neugeborenen Kindes tritt die eingeschachtelte Seele nach und nach in das Erdenkleid ein. Das Seelenlicht durchdringt die Zellen des Erdenkleides und bildet die Aura des Menschen. Was sich an geistigem Gut zurückgebildet hat, sollte sich während der Erdenwanderung entwickeln. Alle belasteten Seelenpartikel sollten durch einen bewussten Erdengang frei werden. Dadurch kann sich die Seele entfalten und neue geistige Kräfte schöpfen, um nach ihrem irdischen Werdegang in höhere Regionen einzutreten. Geschieht das nicht, dann bleibt sie entweder auf der Ordnungs- oder Willensstufe gebunden, die Ich nun erörtern möchte.

Die Eigenschaft Gottes, der Wille, ist eine Himmelsebene und eine Reinigungsstufe. Sie besitzt wieder die Unterstufen Ordnung, Weisheit, Ernst, Geduld, Liebe und Barmherzigkeit, denn keine Eigenschaft Gottes kann ohne die andere existieren. Wenn in der Seele alle Ebenen im Geiste Gottes belebt sind, dann erst kann das Kind sagen: „Der Vater und ich, wir sind eins.“ Keine Seele kann ohne den Geist leben. Der Geist ist Gott, und Gott ist die Kraft. So kann auch die Seele nicht ohne die Eigenschaften und Wesenheiten Gottes leben, denn sie sind die Gesetzmäßigkeiten des Lebens.

Im Universum wird das Gesetz gelebt, so auch in der kosmischen Seele. Ist das nicht der Fall, so muss sich die Seele entwickeln, und zwar von einer Eigenschaftsstufe zur anderen.

Die Willensstufe ist außerhalb des Sonnenplasmas ebenfalls eine Reinigungsebene mit vielen Sonnensystemen, der Schwingungstendenz der Seelen angepasst. Dort halten sich jene Geistkörper auf, welche die Grundstufe der Ordnung mit ihren Unterstufen absolviert haben.

In der Willensstufe wird die Seele auf den Willen Gottes ausgerichtet, dort muss sie das erkennen und leben, was sie in sich von Urbeginn trägt, was durch den Erdengang entweder abgedeckt oder belastet ist. In der Ordnungsstufe wurde den Seelen der Gedanke Gottes gelehrt, der die Empfindung des Lichts bedeutet.

Wahrlich, Ich sage euch, eure Gedanken wie auch eure Worte haben eine unvorstellbare Macht! Deshalb prüft eure Gedanken, damit die Seele aus dieser Ordnungsstufe findet und in die Stufe des Willens übergehen kann.

Da die Seele ein Körper aus dem Allvaterkörper ist, muss sie das geistige Gravitationsgesetz beachten. Jede Seele muss das Gehörte leben. Dadurch werden die Seelenpartikel gereinigt und auf das göttliche Gravitationsgesetz ausgerichtet, denn wenn es um den Seelenzustand geht, heißt es: „Gleiches zieht Gleiches an." Hat die Seele die Willensstufe nicht gelebt und sich noch nicht im göttlichen Willen geübt, so bleibt sie so lange auf der Willensstufe gebunden, bis sie diese Gesetzmäßigkeit vollkommen lebt; dann erst hat sie die Seelenpartikel so gelichtet und geweitet, dass sie von der nächsten Stufe angezogen werden kann. Auch auf der Willensstufe wurden durch einen Führengel geistige Häuser geschaffen, die mit den irdischen nicht vergleichbar sind. Der Schwingungskraft entsprechend wurden sie für die Seelen der Willensstufe geschaffen, dazu auch Gärten und Wandelwege.

Jedes Teilseelchen eines Tieres, jeder geistige Teilpartikel der Natur, oft nur ein geistiger Strahl, der z.B. in den Mineralien enthalten ist, muss auf das göttliche Gravitationsgesetz ausgerichtet werden. Die geistigen Tiere besitzen ebenfalls die vier Wesenheiten Gottes, Ordnung, Wille, Weisheit und Ernst. Jedes Partikelchen wird nach dem Gesetz Gottes aufgebaut und auf das allumfassende Leben ausgerichtet.

Auch in der Willensstufe wird die Seele gelehrt: Erkenne dich selbst und deinen Eigenwillen; du musst deinen Eigenwillen vollkommen ablegen, nur der Wille des Vaters hat ewigen Bestand, denn Sein Wille ist das „Es werde", eine Wesenheit und zugleich eine Eigenschaft.

Der Wille ist somit eine Schöpfereigenschaft Gottes und zugleich eine Wesenheit, so wie die Ordnung „der Gedanke" ist. Das „Es werde" muss die Seele erkennen und ihr menschliches Wollen abtragen, deshalb geht sie von einer Unterstufe zur anderen, um das Willensgesetz des Vaters in sich zu aktivieren.

Die Seele wird gelehrt: Du weißt um den Gedanken Gottes, nun musst du in dir das „Es werde", den göttlichen Willen aktivieren, denn nach dem „Es werde" darfst du dich schöpferisch betätigen. So geht die Seele, begleitet von ihrem Schutzgeist, in alle Unterstufen. Sie richtet nach Weisung des Lehrengels nach und nach ihre Seelenpartikel auf das göttliche Gesetz des Willens aus.

Jede Seele muss lernen, aufnehmen, erkennen und reifen. Die Schutzengel sowie Lehrengel sind dabei, um die Seelen vorzubereiten. Wenn die Seele nur spricht: „O ja, ich habe es gehört", dann fragt der Lehrengel: „Hast du das Gehörte gelebt? So das nicht der Fall ist, wird sich dein geistiger Partikel nicht öffnen. Nur der, der das Gehörte lebt, bringt Licht in seine kosmische Seele. Wer sein geistiges Magnetfeld nicht auf die nächsthöhere Stufe – durch das intensive Leben – ausrichtet, wird von ihr nicht angezogen werden. Nur durch das ‚Gelebte' wirst du deine Seele erschließen, die dann in höhere Bewusstseinsebenen übergehen kann. Deshalb", so spricht der Lehrengel, „lebe in der Stufe des Willens die Gesetzesfolge, damit dich die Grundstufe der Weisheit, in der Reinheit auch Himmel genannt, anziehen kann. Denn siehe, mit dir kamen viele aus der Ordnungsstufe in die Stufe des Willens. Einige sind schon in die Grundstufe der Weisheit aufgestiegen. Da du aber nur sprichst", so belehrt der Lehrengel die Seele, „‚ja, ich höre' und das Gehörte nicht lebst, bleibst du an diese Stufe gebunden. Nicht deine irdische Intelligenz ist maßgebend. Desto mehr irdische Intelligenz der Mensch besitzt, umso schwerer wird sich die Seele in den Seelenstufen tun! Nur die göttliche Intelligenz hat ewige Existenz und sollte beachtet werden. Auf der Erde", so spricht der Lehrengel weiter, „hast du deine Seele verkümmern lassen, da du dich nur nach den irdischen Weisheiten ausrichtetest.“

O sehet, so spricht auch der Geist des Sohnes zu euch: *„Werdet wie die kleinen Kinder, denn ihrer ist das Himmelreich.“* Nicht die irdische Intelligenz, nur die göttliche Wahrheit hat ewigen Bestand. Die göttliche Intelligenz offenbart sich, sobald du deinen Gedanken auf deinen Vater ausrichtest und den Willen des Vaters tust.

Jede Unterstufe des Willens muss absolviert werden, ob es die Weisheit oder der Ernst ist, die Geduld oder die Liebe, so auch die Barmherzigkeit. Darum, o Seele, wenn du nur hörst und das nicht befolgst, bleibst du gebunden.

Der Schützling wird immer von Schutzgeistern bewacht. O, ihr Menschen und Seelen, erkennet: Ihr seid nie allein!

Würde der Mensch den Willen des Vaters tun, dann könnte er die geistige Welt fühlen und auch schauen. Wenn allerdings der Mensch das Licht der Welt im „Vollbracht“ nicht versteht, wie kann das Licht die Seelen öffnen? O sehet, so bleibt die Seele lange Zeit gebunden, bis sie Den erkennt, der ihr das „Vollbracht" geschenkt hat. All die Stufen, die Ich erörtere, habe Ich, Jesus, der Christus, durch die Liebe und Barmherzigkeit erschlossen.

O erkennet, auch in der Grundstufe des Willens sind die sogenannten Kinderseelen. In Wirklichkeit sind es Seelen, die schon im Kindesalter entkörpert wurden. Da die Seele jeden Gedanken aufnimmt, reagiert sie auch kindlich naiv.

Mit viel Geduld und Liebe werden die Seelen von den Lehrengeln von ihrer kirchlichen Weltanschauung entbunden.

Auch in der ewigen Heimat gibt es Kinder, weil es auch in der ewigen Heimat geistige Familien gibt. Die ewige Heimat lehre Ich euch später, wenn ihr die Stufen eurer Seele gehört habt. Die Kinderreiche, so wollen wir sie benennen, nehmen jene Seelen auf, die als Kinder entkörpert wurden. Diese Kinderreiche wurden nach Meinem „Vollbracht" durch die Kraft des ewigen

Lichts geschaffen. Verantwortliche Geistwesen legten Spielwiesen und auch geistige Häuser durch die Kraft des göttlichen Gedankens an.

Viele Meiner Auslegungen hören sich wie Märchen an, doch das Reich ist lebendig, viel lebendiger, als es sich der Mensch jemals vorstellen kann! Ich erörtere euch keine Märchen, sondern eure Seelenstufen, die jede Seele zu absolvieren hat.

Über ein lebloses Spielzeug, z.B. ein Stofftier, wird die kindliche Seele zu einem lebendigen Tier geführt, dadurch wird ihr die Beziehung zu der Tierwelt gelehrt. Das Tier trägt im Reich des Lebens keine Furcht, nur die Tiere der Erde! Durch die Willenskraft des Lehrengels kommen sie zu den Kindern, die sie dann freudig betasten und mit ihnen auch spielen dürfen; dadurch werden ihre Seelen geistig aufgebaut. So werden die sogenannten Kinderseelen von dem starren Spielzeug des Tieres, der Puppe usw. entwöhnt.

Die Seelchen der sogenannten Kinder öffnen sich viel schneller für die göttliche Kraft, die sie bedenkenloser aufnehmen als eine vom erwachsenen Menschen malträtierte Seele. Dadurch strömt geistige Energie in die Seelenpartikelchen, wodurch die Seele reift.

So und ähnlich werden die Kinderseelen über die materiellen Dinge zum Lebenskern, dem Geist in der Seele, geführt. Wiederum spricht der Lehrengel: „Möchtest du dich mit einem ‚Fahrzeug' (Spielzeug) auf einen Wandelweg begeben?" Das verantwortliche Geistwesen schafft ein Fahrzeug. Nun heißt es: „So bewege es"! Nach einer geraumen Zeit fühlt die Seele des Kindes erneut die innere Kraft des Lebens. Es legt das Fahrzeug beiseite, das dann in die Ursubstanz zurückgeht, denn weitere geistige Partikel haben sich in der Kinderseele erschlossen, wodurch ein neues Ahnen aufsteigt. „Weshalb ein Fahrzeug?", so lautet die Frage. „Ich habe ja die Kraft der Bewegung in mir, ich fühle mich gehoben und wesentlich schneller als mit einem Fahrzeug."

O sehet, so werden auch diese Kinderseelen geduldig vorbereitet. Bedächtig wird ihnen nähergebracht, dass sie ein vollkommenes Wesen sind, das in das geistige Reich, in die Vollendung geführt werden soll. Oft sagt der Mensch: „Die armen Kinder, so früh mussten sie ihr Leben lassen!“ Nun erkennt ihr, wie waltend die Gnade Meines Vaters ist. Viele Kinder belasten sich im Diesseits nicht mehr, deshalb tragen sie schneller ihre Schuld ab, somit auch oft ein großes Karma.

Sie schreiten sehr schnell über die Ordnungsstufe in den Willen und freudig weiter, da sie leichter lernen und das Gelernte leben.

Die meisten Kinderseelen haben kein Interesse mehr, über die Ordnungsstufe in ein Erdenkleid zu gehen, außer es wird ihnen angeraten. Sie haben erkannt, was Leben, was Heimat, was Bewegung ist, sie fühlen die kinetische Seele, die alles beinhaltet.

Wahrlich, Ich sage euch, all diese Ebenen müsst ihr erschließen, all diese Unterstufen müsst ihr aktivieren. O beginnt, beginnt auf dieser Erde, denn jede Ebene kann für euch ein

Äon sein. Schnell oder weniger schnell könnt ihr ihn absolvieren, es liegt an eurem Willen; „Es werde“ ist der Wille des Herrn.

Von all den Seelen auf der Willensstufe ist die Erdstrahlung noch nicht genommen. Bis die vier Schöpfungseigenschaften, oder Wesenheiten genannt, durchschritten sind, bleibt in der Seele die Erdstrahlung. Wir nennen die vier Schöpfungseigenschaften die geistigen Stabilisatoren der Seele, denn in diesen vier Schöpfungseigenschaften, oder Wesenheiten Gottes genannt, soll sich die Seele stabilisieren.

Ich nenne die vier Wesenheiten oder Schöpfungseigenschaften:

Es sind Ordnung – der Gedanke; der Wille – das „Es werde“; die Tat – ist die göttliche Weisheit; der Ernst – die Schöpferliebe. Diese vier Stabilisatoren muss jede Seele erringen, um in die anderen Eigenschaften Geduld, Liebe und Barmherzigkeit überzugehen, die vor dem Himmelstor sind. Wer die drei Kindschaftseigenschaften erreicht hat, ist ein sogenannter Halbengel, der auf anderen Ebenen Geschwister lehrt und ihnen dient. Obwohl viele Seelen um ihre Beschaffenheit wissen, ist die Erdanziehung größer als die Kraft, ins Vaterhaus zu gehen – und warum? Weil sie die unendlichen Weiten sehen, die sie zu absolvieren haben.

Deshalb, o Menschen, hört auf die Stimme eures Bruders und auf die Stimme eures Vaters, hört auf den Erlöser, der Ich Bin. Ich möchte die Menschheit belehren, denn Jahre hat die Seele im Menschen, um all das zu erlernen und in die Tat umzusetzen, was die entkörperte Seele oft in einem Äon nicht vermag. Deshalb das Heimholungswerk und diese Lehrstunden, denn die Zeit naht, in der die Jahre vergehen, dann steht die Seele in ihrem Seelenkleid und in der Äonenzeit.

Des Meisters Ruf gilt euren Seelen:

Wann werdet ihr das Licht eures wahren Bewusstseins erkennen?

Wann werdet ihr eure Gedanken ordnen?

Wann werdet ihr den Willen des Vaters tun?

Wann werdet ihr die Tat Gottes, Seine ewige Intelligenz erkennen?

Wann werdet ihr den Ernst der Zeit sehen?

Wann werdet ihr den Ernst Gottes erkennen, der spricht: „Mein Gesetz ist unumstößlich"?

Deshalb sagte Er: *„Es werde eine neue Erde und ein neuer Himmel"* – Er, der große All-Eine, deutete damit die Ordnung an.

Der Mensch kann Meine Worte selten verstehen, deshalb klagt er Gott an. Der Gott der Liebe sandte immer wieder Propheten, um die Menschheit zu belehren; der Mensch allerdings glaubte und glaubt ihnen nicht. Die vielen Zweifel und Meinungen Meiner Kinder, die Mich hören, die Fragen, ob Ich es wahrlich Bin. Auch die Pharisäer und Schriftgelehrten sprachen: „Der Nazarener will die Stimme Gottes hören. Wir", so sagten sie, „sind Beauftragte Gottes, da wir Seine Weisheit viele Jahre studierten."

Ich sagte zu ihnen und sage es auch zu euch: *„Werdet wie die kleinen Kinder, denn ihrer ist das Himmelreich"*. So ihr nicht wie die kleinen

Kinder werdet, wird sich der Geist des Lebens in euch nicht entwickeln. Nur durch den kindlichen Glauben und das Vertrauen könnt ihr Meine Stimme hören, die sich im „Ich Bin" in euren Seelen offenbart. Ich Bin die ewige Existenz, denn der Vater und Ich, Wir sind eins! Deshalb spreche Ich zu euch, Meine Kinder, Ich habe die Zurückführung der Kinder Gottes übernommen. Prüft euch selbst, fragt euch: „Wo stehe ich? Stehe ich in der Ordnungsstufe? Wenn ich meine Gedanken nicht ordnen kann, kann ich den Nächsten nicht lieben; wenn ich hasse, so werde ich in der untersten Stufe sein; wenn ich nicht vergeben kann, bleibe ich aufs Neue gebunden; wer vergibt, wer liebt, wird höherstreben."

O Mensch, erkenne dies, denn du hast Gnade gefunden vor Gott, deinem Vater, durch Mich, Seinen Sohn. Trägst du gegen deinen Bruder Hass, so hasst du den Vater, denn in jedem Einzelnen ist die Kraft des ewig Heiligen Geistes. Das Wort „Vollbracht" ist der Christus, der das Licht der Welt ist.

Der Mensch soll erwachen und sich selbst erkennen. Jeder Einzelne ist frei durch das Golgathaopfer. Frei werden alle Seelen, so sie die Stufen des Lebens erkennen und gehen. Habt keine Furcht – die Gnade Gottes ist mit euch! All diese Stufen sind durch die Gnade des ewigen Vaters zu erreichen!

Das Licht dringt in die Welt und in die Seelen ein; schreitet bewusst zu dem ewigen Leben, denn das Licht ist der Glaube, der das bewusste Leben erschließt. Sagt immer wieder: „Ich bin ein Kind Gottes – und du auch."

Warum tobt der Satan im Äußeren? Warum werden die Menschen vom Satan der Sinne geknechtet? Weil sie sich von Gott abwenden. Sie achten nicht die Gebote, sie glauben nicht an die göttliche Existenz. Doch Gott, der Herr, ist euch allezeit nahe. Immer wieder betone Ich: Er ist das Haupt, und ihr seid die Glieder.

Solange sich der Mensch bewegt, ist im Menschen der Geist, der den Menschen mit Liebe erfüllt. Ich bereite euch die Wege zu dem ewigen Jerusalem. So lange ist dem Menschen und der Seele der Kampf gegeben, bis die Seele das innewohnende Leben erkennt und das ICH BIN.

Deine Taten sind in deiner Seele, merze sie aus. Hört die Stimme des Lehrmeisters des Neuen Bundes. Kommt zu Mir, Ich gehe mit euch durch die Ordnung zum Willen, dort schon lichtere Systeme sind, obwohl noch Strahlung der Materie in euch ist.

Tretet ein in das Leben! Ihr habt gehört: „Wahrlich, Ich sage euch, wer nur die äußeren Ohren öffnet, kann diese Worte nicht glauben; sobald ihr die inneren erschlossen habt, hat die Seele ihre Bereicherung", das ist Mein Wille! O höret mit den inneren Ohren – und lebt! Lebt das Gesetz des Geistes. Richtet eure Gedanken auf Gott aus, denn durch den göttlichen Gedanken, der eine göttliche Empfindung ist, werdet ihr im Diesseits all diese Grund- und Unterstufen absolvieren.

Gott, unser ewiger Vater, sandte Mich, um die Menschheit zu belehren. Ich werde lehren, bis der Mensch zu dieser Welt „Amen“ gesprochen hat, doch der Geist im „Amen“ spricht: Das „Amen“ ist der Weiterträger in die ewige Substanz Gottes. Ich Bin im Amen, Meine Kinder.

Dritte Seelenstufe (Weisheit)

Das Bewusstsein Meines Geistes ist in allen Meinen Kindern. Es offenbart sich in dieser Stunde im Wort. Wahrlich, Ich sage euch, Mein Reich, sowie auch euer Reich, ist nicht von dieser Welt. Allerdings habt ihr als Reich die Erde gewählt, um euch zu reinigen und wieder in das Licht einzugehen, das der Seele Erbgut ist.

Ihr seid Menschen, die nach dem Licht suchen. Wo sucht ihr das Licht der Welt? Im Äußeren? Niemals! Es ist auf dieser Erde nicht zu finden, nur in allem lebendigen Sein. Dringt in die Tiefen eures wahren ewigen Bewusstseins ein, dann werdet ihr das Heil finden, das das Urlicht ist. Euer wahrer Körper ist *in* eurem Menschen. Der Mensch ist ein Ebenbild Meines Vaters. Er wandelt über diese Erde, damit sein geistiger Körper, der in ihm lebt, frei wird – das heißt, frei von Schuld, so auch frei von den Inkarnationen, die Schuld bedeuten.

Der Mensch weiß nur von seinem jetzigen Erdenleben. Die weiteren Inkarnationen sind abgedeckt, da der Mensch in der Gegenwart leben soll. Das Heil ist im Menschen. Christus, der sich offenbarende Geist, der Ich Bin, führt euch über die Entwicklungsstufen, die wir auch Bewusstseinsstufen oder Reinigungsebenen nennen, in das Vaterhaus zurück. Ich, der Lehrmeister des Neuen Bundes, habe euch die Ordnungsstufe als auch die Willensstufe erörtert. Nun möchte Ich euch die Stufe der Weisheit offenbaren. All diese Stufen sind nur durch die Kraft der Erlösung zu begehen. Erlösung ist gleich Barmherzigkeit, denn ohne die Barmherzigkeit ist es der Seele nicht möglich, in das Reich der Vollkommenheit zu gelangen.

Das Reich der Vollkommenheit ist die Heimat der Seele. Auch die Erde in der Urstruktur gehört zu diesem vollkommenen Reich. Aus allen Substanzen ist die Seele geboren, von ihnen wird sie genährt und getragen. Der Geist ist der Werkstoff des Lebens. Alle Stufen, die Ich erörtere, sind geistige Ebenen; sie sind in euren Seelen und erschließen sich, sobald ihr sie durch das positive Leben absolviert habt. Die Stufe der Weisheit ist eine Schöpfungsstufe, sie ist die Gerechtigkeit und somit die Tat. Gott hatte den ersten Gedanken, er war und ist eine Empfindung – es ist die Ordnung. Gott hatte den ersten Willen, wiederum eine Empfindung – es ist das „Es werde“. Gott schuf durch Seine Intelligenz, wodurch sich alles in der Tat vollzog.

Alle geistigen Stufen, oder Himmel genannt, sind in euch. Jede einzelne Seele muss sie durch die Kraft der Erlösung verwirklichen. Der Geist der Liebe ist allezeit bereit, den Menschen und Seelen zu dienen, doch der Mensch, so auch die Seele, müssen zu diesem Geist der Liebe kommen. Wie oft sucht Ihn der Mensch im Äußeren? Er ist nicht in Formen noch in Traditionen, auch nicht in den Brauchtümern zu finden, sondern der Geist ist frei – Er lebt in jeder Seele. Ihr sollt das Haus des Heiligen Geistes sein. Sobald der Mensch in sein bewusstes ewiges Selbst eintritt, wird der Geist ihm Kraft, Mut, Aufklärung geben und den Weg ins ewige Vaterhaus weisen.

Nun sind wir mit den Gedanken und den Worten auf der Stufe der Weisheit angelangt. Die Seelen haben ihre Gedanken geordnet und sich auf den Willen Gottes ausgerichtet. Das sind Lehrstunden, oder Erkenntnisbreiten genannt, die sich in der Seele nach und nach öffnen. Dadurch erhält die Seele das dementsprechende Licht, wodurch sich die Ordnung als auch der Wille öffnen, sofern sie beide Stufen absolviert hat.

Nun soll die Seele das Licht der Weisheit erkennen und auch leben. Sämtliche Ebenen müssen in den Spektrallichtern des Kosmos wogen. Eure Aura muss überwiegend ein einziges Spiegelmeer von Gold und Silber sein. Dann seid ihr frei.

Nun ist die Seele in der Stufe der Tat. Wiederum sind es, wie Ich schon schilderte, Planeten, die schon mehr dem Urstoff gleichen, fast schwerelos, allerdings noch mit etwas Erdstrahlung behaftet. Ich habe gelehrt, wenn die Seele die vier Stabilisatoren hinter sich hat – Ich wiederhole: Es sind die vier Schöpfungseigenschaften

Ordnung, Wille, Weisheit und Ernst –, dann erst ist die Erdstrahlung weggenommen. Die Seelen leben ebenfalls auf Planeten. Warum sagen wir dazu „Seelen" und nicht „Geistwesen"? Weil der Ätherleib noch belastet ist.

Wenn die Seelen bis zu der Reinigungsebene der Weisheit aufgestiegen sind, dann haben sie schon die Ordnungs- und Willensstufe vollkommen absolviert.

Meine lieben Kinder, so spreche Ich im Auftrag des ewigen Vaters, denn der Christus Gottes hat die Rückführung aller Seelen übernommen. Rückführung heißt: Erkenne dich selbst; lebe die göttlichen Gesetze; erst dann kann die Seele ins ewige Vaterhaus eingehen. Wer die Wahrheit nicht erkennt, wer das Erkannte nicht lebt, kann auch nicht ins Vaterhaus zurück. Deshalb muss eine Stufe nach der anderen begangen werden. Das heißt, die Kraft Gottes, die in euch ist, muss verwirklicht werden.

Die Kinderreiche sind ebenfalls auf den Planeten. Diese Seelen schöpfen und erkennen:

Hier kann ich das erste Mal meinen Gedanken und meinen Willen in die Tat umsetzen.

Ihr habt von den verantwortlichen Geistwesen gehört. Ihr wisst von den Lehrengeln. Allezeit hat der Mensch sowie jede einzelne Seele ein Geistwesen bei sich. Nie seid ihr allein und unbeobachtet. Jede Seele trägt in sich die Kraft des Heiligen Geistes, sie hält alles in Bewegung. Dadurch trägt die Seele das ewige Leben und ist so, wie die reinen Wesen, die sie begleiten, ein Kind des Kosmos.

Wie belehrt ein Lehrengel die Seele? Er spricht: „Freue dich, die Kraft der Weisheit hat dich angezogen, du hast die Stufe des Willens absolviert. Nun gehst du in die Tat über. Doch bedenke: Gott ist gerecht. Alles, was du nun schöpfst, muss aus der gerechten Tat kommen, sonst werden sich deine Wünsche nicht verwirklichen. Dein Gedanke muss ein vollkommener Gedanke in Gott sein, so auch dein Wille."

Die Wohnstätten, die ihr Häuser nennt, gehen in die Ursubstanz zurück, sobald die Geistwesen, die die Häuser bewohnt haben, weitergeführt werden. Weiter aufsteigende Seelen betreten die Planeten; auch sie dürfen schöpfen.

Was wünscht sich eine Seele, die von den unteren Stufen in die höheren gelangt? Oft noch das, was sie als Mensch auf der Erdstufe nicht haben konnte. Sie wünscht sich Gegenstände, die die Erde hervorbringt. Der Lehrengel sagt: „Nun versuche es, nimm den Gedanken, aber ich rate dir zum Gedanken Gottes, nimm den Willen Gottes und schöpfe." Die Seele beginnt zu schöpfen, sie nimmt einen Gedanken auf, belebt ihn im Willen und versucht in der Tat – es ist die göttliche Weisheit – ihn zu manifestieren. Doch aus der Tat wurde nicht die Manifestation, die sich die Seele vorgestellt hat. Warum nicht? In der Vorstellung waren noch Empfindungen der Welt.

Nun tritt der Lehrengel in Aktion: „Es hieß, die Welt musst du meiden, was du dir gewünscht hast, gibt es nur auf der Erde, dieser irdische Werkstoff wird vergehen, da er nicht der Urmaterie gleicht. Die göttlichen Gaben kommen nur aus dem Planeten, der deine Schwingung trägt, so kannst du nur das schöpfen, was geistig und deiner momentanen Schwingung zugänglich ist.“

Jede einzelne Seele wird auch auf der Stufe der Weisheit individuell belehrt, ihrer Seelenbelastung entsprechend. Die Seelen dürfen sich ihre Wohnstätten schöpfen oder schaffen, das heißt, in die Tat umsetzen. Die Freude, etwas tun zu können, ist groß, denn in der Ordnungsstufe sowie in der Stufe des Willens gab es nur lernen, erkennen und leben. Doch nun heißt es erkennen und in die Tat umsetzen.

O sehet, all diese göttlichen Gaben der Entwicklung sind in euch – sie müssen nur erweckt werden. Wenn Ich sage, sie müssen erweckt werden, dann möchte Ich euch sagen: Euer Ätherkörper ist unsterblich. Wenn es auch Äonen von Zeiten dauert, müsst ihr alle diese Stufen absolvieren, da sie in euren Seelen sind. Diese geistigen Stufen sind der Aufbau eures geistigen Körpers, der sich durch die Entwicklung vervollkommnet. So muss jede Seele sämtliche

Stufen, auch die Unterstufen in den Grundstufen, aktivieren, sonst kommt sie nicht in die nächsthöhere Entwicklungsstufe. Das geistige Gesetz besagt: Nur durch die Anziehung kommt die Seele weiter, jedoch erst durch das Ausrichten ihrer Seelenpartikel auf das Gravitationsfeld, durch die Gedanken, gleich Empfindungen, durch den Willen und durch die Tat.

So geht die Seele in der Stufe der Weisheit von einer Unterstufe zur anderen, um das zu erlangen, was ihr vom Geiste Gottes als Erbgut gegeben wurde. Das hört sich wie eine Erzählung an, doch es ist der Aufbau eures geistigen Körpers, der sich wieder vervollkommnen muss. Ihr sagt, wenn mein Herz nicht funktionstüchtig ist, dann ist das Leben schwer; wenn mein Magen nicht arbeitet, dann habe ich Beschwerden; wenn Lunge und Milz nicht in Ordnung sind usw., dann fühle ich mich nicht wohl. – Mit vielerlei Beschwerden geht der Mensch über seine Erde.

O sehet, in der Heimat gibt es keinerlei Beschwerden. Nur eure Seelenbelastungen bringen sie hervor; sie sind die Krankheiten dieser Welt. Was die Seele an „Welt“ in ihre geistige Struktur aufnimmt, muss von ihr wieder abgebaut werden. Sie muss somit geistig gesunden. Durch die Erlösertat Christi ist ihr das möglich. Der Seele wird von einer Stufe zur anderen geistige Kraft gegeben, so sie nach ihr verlangt, indem sie sich willig zeigt und tatkräftig wirkt.

Hören und nicht ausführen, das kannst du auch als Seele in der Weisheitsstufe, doch du bleibst auf dieser Stufe, bis du erkannt hast: Was du gehört hast, sollst du in die Tat umsetzen und auch leben. Erst dann reinigt sich deine Seele. Dadurch kannst du weiterstreben zu dem all-einen Geist der Liebe. Liebe – ein Wort dieser Welt. Doch wer die Liebe zum Nächsten nicht besitzt, der bleibt ein tönern Erz und eine klirrende Schelle, so lange, bis die Glocken der Seelen im Ton der Liebe erklingen. Denkt nicht, dass diese Stufen nicht zu erreichen sind. Sie sind zu erreichen – doch nur durch die Kraft Gottes. Und sie sind nur zu erlangen, wenn die Seele und der Mensch nach Seinen Geboten leben. Die Liebe zum Nächsten ist Hilfsbereitschaft und Barmherzigkeit, gute Gedanken und ein mildtätiges Herz.

Ich gehe wiederum mit den Worten auf die Stufe der Weisheit.

Die Intelligenz Gottes ist die Weisheit. Gott schöpfte alles Sein, dadurch atmet das Firmament nach Seinem Willen. Die Planeten tragen die Ordnung, so auch jedes Geistwesen.

O würde der Mensch nur die Ordnung leben und somit das Gesetz Gottes befolgen, das diese Eigenschaft und Wesenheit ist, denn Moses, der Ordnungshüter im Geiste, der Wesenheitsträger der Ordnung, brachte der Menschheit die Gesetzestafeln. Wie wenig werden die Gebote gelebt, dadurch ist die Seele mit der Erde verwurzelt, deshalb trägt sie des Öfteren das Erdenkleid. Durch die Erfüllung der Gebote könnte die entkörperte Seele von dieser Erde in die höheren Stufen eingehen, der Mensch wäre gesund, denn in einem gesunden Körper wohnt auch eine gesunde Seele.

Meine lieben Kinder, in der Seele, die sich auf der Stufe der Weisheit befindet, kommt der schöpferische Geist Gottes immer mehr zum Ausdruck, so auch der göttliche Wille, um weiterzustreben und alles in der Tat zu verwirklichen. Daher der Tatendrang in den Grundstufen der Ordnung und des Willens, das zu lehren, was sie schon in sich aufgenommen und durchschritten hat.

Immer wieder tendieren Seelen, die sich in der Ordnungs- und Willensstufe sowie Weisheitsstufe befinden, zur Welt. Sie werden sehr oft rückfällig, da sie wieder zu ihren Angehörigen wollen. Es gibt keine Trennung durch den allgegenwärtigen Geist, der die große Einheit ist, was besagt: „Einer für alle, und alle für Einen". Diese Erkenntnis versuchen die Seelen auf der Grundstufe der Tat zu praktizieren. Tatkräftig wollen sie auch auf dieser Erde mitwirken! Deshalb wollen sie immer wieder zu den Angehörigen gehen und ihnen das Heil des Lebens näherbringen. Ein dünner Schleier trennt das Diesseits vom Jenseits. Wie, so fragt der Mensch, kann ich ihn entfernen? Ich antworte: durch den Glauben und durch das Vertrauen, durch die Hingabe an den einen Geist, denn Er ist der Lenker aller guten Dinge.

Die Bitte, in den unteren Stufen zu lehren, wird den Seelen in der Weisheitsstufe erfüllt. Ein Lehrengel begleitet sie in die Tiefe. Der Lehrengel ist in diesem Fall zugleich der Schutzgeist der noch reifenden Seele. Der Schutzengel nimmt die Seele vollkommen in seine Aura auf, dadurch wird sie vor der Erdstrahlung geschützt, denn die Erdstrahlung zieht unausgereifte Seelen an.

Wenn aus einer irdischen Familie, zu der einst die Weisheitsseele gehörte, eine Seele entbunden wird, dann darf sich zur Freude des gerade Entkörperten die weiterentwickelte Seele zeigen. Die Seele aus der Stufe der Weisheit belehrt die eben entkörperte Seele; sie bringt ihr die ersten Begriffe des göttlichen Gesetzes näher.

Die Seele aus der Weisheitsstufe ist noch nicht ganz frei von Erdstrahlung. Sie selbst wird vom Schutzengel immer wieder ermahnt, wie z.B.: „Lasse dich nicht von der Erde und der entkörperten Seele anziehen; trete noch mehr in das Bewusstsein Gottes und verharre in Ihm. Gehe in Gedanken nicht mehr auf die Erdenstufe, und sehne dich auch nicht mehr nach der Inkarnation." – Die Seele wird nur ermahnt. Allerdings kann sie selbst entscheiden.

Wenn eine erdschwere Seele zur Inkarnation geht, muss sie einige geistige Schulungen mitmachen. Jeder Seele, die zur Inkarnation geht, wird geoffenbart, was ihr auf dem Erdenweg begegnen kann. Die vielen Zweifel, die oft noch in euch sind, sind auch in der erdschweren Seele. So sie nicht an den einen Weg und an die Wahrheit glaubt, geht sie, so es ihr Wille ist, erneut zur Inkarnation.

Wenn ein gut bekanntes Seelenwesen zu einer erneuten Inkarnation geht, beginnt oftmals eine Seele in weiteren Grundstufen darüber nachzudenken: Weshalb begab sich mein mir bekanntes Wesen wieder zur Inkarnation? – Es kommt vor, dass sich die Seele aus dem Schutz des Schutzengels begibt. Sie vergisst all die guten

Belehrungen und Fortschritte und geht, um dem ebenfalls neu eingekleideten Geschwister beizustehen, wieder zu einer Inkarnation. Somit gehen auch aus der Stufe der Tat sehr viele Seelen, um zu helfen. Sie gehen oftmals, obwohl sie schon die Kraft des Lichts besitzen. Zwei Stufen haben sie schon vollkommen absolviert, und die dritte ist ihnen nicht unbekannt. Trotzdem gehen sie über einen für sie bestimmten Aszendenten, so nennt ihr die Planeten, welche die kosmische Seele bestrahlen, zur Inkarnation.

Wahrlich, Ich sage euch, sehr oft ist auch in diesem Fall der Geist der Lenker. Er führt die Seele aus der Tat mit der ihr bekannten Ordnungsseele zusammen. Das heißt, zwei Menschen, die in früheren Zeiten miteinander gelebt haben, leben nun wieder zusammen; sie wissen nichts mehr von dem, was einst war. Das ist gut so, denn der Mensch lebt zu sehr in der Vergangenheit und in der Zukunft. Ich sage zu euch immer wieder: Lebt in der Gegenwart! Erkennt, im ewigen Jetzt lebt die Seele, und im Jetzt sollte sich der Mensch reinigen und bewähren. „Jetzt"

– so denkt er – „habe ich die Chance, mich schnell zu reinigen, um schneller ins Vaterhaus zurückzukehren."

Meine lieben Kinder, die Kraft des „Ich Bin" ist die Barmherzigkeit – sie lässt keine Seele fallen. Allerdings, erweckt der Mensch den göttlichen Geist nicht, der euch Lenker und Führer sein möchte – wie oft trennt ihr euch von dieser allumfassenden Kraft –, dann fragt der Mensch: „Wo ist Gott?" Gott antwortet: „Ihr habt Mich in eurem Leben nicht gerufen, ihr wart nicht barmherzig, ihr wart nicht gütig, ihr habt nicht im Einklang der Gebote gelebt. Deshalb seid ihr erdenschwer und taub geworden. Somit habt ihr euch noch mehr Schuld aufgeladen. All eure Schuld muss abgetragen werden. Eine Stufe nach der anderen müsst ihr absolvieren, damit die Seele durch die Kraft der Barmherzigkeit, durch das ‚Ich Bin', ins Lichtreich findet. Das ‚Ich Bin' ist das Leben, das euch auf allen Stufen begleitet, das ‚Ich Bin' ist die ewige Existenz, die Macht der Liebe, die nie vergeht. Jede einzelne

Seele wird in die Macht der Liebe eingetaucht und durch sie regeneriert. Wenn ihr euch nicht nach der Liebe sehnt, werdet ihr nicht von der Liebe Gottes ins Reich der Vollkommenheit getragen werden, denn Seele und Mensch besitzen ihren freien Willen. Dem Seelenzustand entsprechend verharrt jede Seele auf einer Reinigungsebene, bis sie das göttlich Gebotene erkennt und lebt."

Durch Seine unendliche Liebe, nach Seinem Gedanken und Willen als auch nach Seiner Weisheit wird euch der Geist weiterführen zu einem nächsthöheren Bewusstsein des Lebens, zur Stufe des Ernstes. Allerdings verharre Ich noch bei den Ausführungen über die Weisheit.

O sehet, in der Stufe der Weisheit sind auch Kinderreiche, die Ich euch schon in der Stufe des Willens lehrte. In der Grundstufe der Tat erkennen die Kinderseelen, dass das Kindliche aufhört, sie reifen zum vollkommenen Geistwesen einer anderen Dimension heran. Viele dieser Seelen, die über die Kinderreiche geführt werden, melden sich des Öfteren bei einem Elternteil der Welt, insbesondere dann, wenn eine Seele eines Elternteils entkörpert wird. Der Trend einer Kinderseele ist nicht mehr zur Welt, ihr Weg ist der Weg ins Vaterhaus. Wie oft weinen die irdischen Eltern und sehnen sich nach diesen Kleinen. Ich sage euch: Ihre Seelen reifen wesentlich schneller als die Seele eines unwissenden verstockten Menschen, denn die Kinderseele hat sich auf ihrem Erdenweg nicht mehr so belastet, ganz im Gegenteil, durch eine kurze Inkarnation hat so eine Seele viel Schuld abgetragen. Die kindliche Seele, die zur Reife gebracht wird, erkennt die Schönheiten des geistigen Lebens, sie fühlt sich auf jeder Stufe zu Hause.

Erkennt die Kraft des Christus. Jesus sprach: Keiner kommt zum Vater, denn durch Mich. Ihr fragt euch: „Was ist mit all den Andersgläubigen, die Dich, o Meister, nicht erkennen?"

O sehet, auch sie beten zu Gott. Obwohl sie nicht an den Christus glauben, an das Licht der

Welt, ist in ihnen trotzdem die Auferstehung und das Leben.

Ich sagte einst zu Meinen Jüngern: „Gehet hinaus und verbreitet das Evangelium in allen Ländern." Der Mensch in seinem Wohlstand ist träge, er fühlt sich in der Organisation und in der Tradition als ein erhabener irdischer Geist. Doch gerade ihm gebühren diese Worte: „Tretet hinaus und verbreitet das Evangelium in allen Ländern." Leider ist das bis zum heutigen Tage nicht geschehen, weil der Mensch das Materielle und Angenehme bevorzugt. Jene, die sich Vertreter Christi nennen, tragen mit ab am Los derer, die sie aus Tradition und Bequemlichkeit nicht belehrt haben. Auch diese unwissenden Seelen werden die vier Stabilisatoren durch die Kraft Gottes erreichen, weil sie an einen Gott glauben und an eine Macht, die sie lenkt und führt. Sobald diese Seelen in die Kindschaftseigenschaften der Geduld, Liebe und Barmherzigkeit eintreten, müssen sie die fundamentale Kraft des Christus Gottes erkennen und leben.

Dann erst öffnen sich die Tore zur Vollkommenheit.

O sehet, wie wichtig es wäre, den Menschen das wahre Evangelium zu bringen. Es ist die Kraft des Christus in jedem Einzelnen, sie ist die Erlösung und Befreiung, die alle ins Vaterhaus führt. Bedenkt das Wörtchen „alle". Das besagt: Vor Meines Vaters Angesicht sind alle gleich. Es sollte keinen Rang und auch keine Titel geben, nur Diener der Nächstenliebe, dann wäre die Ordnungsstufe nicht von unwissenden, gebundenen Seelen überfüllt. In der Ordnungsstufe sind all jene, die das Zitat nicht lebten, das unter anderem besagt: *„Tragt das Evangelium in alle Länder."* Christus soll in allen Herzen erkannt werden und im Besonderen auf dieser Welt, denn die Erde ist die Schule der Kinder! Auf ihr sollte sich das Hauptgebot erfüllen: *„Liebe deinen Gott und Vater über alles und deinen Nächsten wie dich selbst."*

Meine lieben Kinder, verwerft nicht die Worte. Nicht nur das Ohr sollte sie aufnehmen, sondern das Herz und die Seele, dort sollen sie nachhallen und Tag für Tag als Melodie der Liebe erklingen. Zieht in den Abendstunden Bilanz. Fragt euch: „Habe ich mich schon aus der Ordnungsstufe hinaus entwickelt, oder bin ich im Willen, gar in der Tat?" O ihr könnt euch selbst prüfen. Seid ihr schon in der Tat, seid ihr tatkräftig im Willen Gottes, in Seiner Ordnung und im Ernst? Erkennt ihr den Ernst des Lebens, wisst ihr, dass jedes Kind gerettet werden muss, seid ihr tatkräftig in der Geduld, in der Liebe und in der Barmherzigkeit? Erkennt ihr, dass jeder Einzelne ein Bruder, eine Schwester ist? Ihr sagt, es ist schwer, in der heutigen Zeit nach den Geboten des Herrn zu leben. Ich sage zu euch: Die heutige Zeit ist das Spiegelbild der früheren Taten, denn Ursachen wurden geschaffen; die Wirkungen sind die Folgen der Ursachen.

Die Welt hat ihre Gesetze. Sie sollten mit den göttlichen Geboten verquickt werden.

Allerdings lässt dies die Uneinigkeit der Christen nicht zu. Deshalb wird immer wieder die Frage gestellt: „Weshalb nicht die Todesstrafe?“ Der Geist spricht: Ich habe euch die Gebote gegeben; sie haben ewigen Bestand. Jahrtausende wurde gesündigt, der Mensch hat sich nicht in die Fürbitte begeben, sondern mehr und mehr in die Ursache. Einst kommt die Wirkung. So erkennt die Wirkung auf der ganzen Erde.

Da der Mensch unwissend ist, weiß er nicht, weshalb er dies Los oder Schicksal tragen muss. Trage alles mit Geduld. Dann wird dir der Vater in Christus beistehen und dir weitere Kräfte geben. Alles muss abgetragen werden. Der Christus Gottes ist der Helfer in deiner Not – komme zu Ihm! Nehme den Frieden, Mein Kind, den der Herr deiner Seele immer wieder schenkt, denn durch Seine Kraft und Seinen Segen wird der Mensch und die Seele über diese Erde gehen und auf der erkannten Erdenschule eine Stufe nach der anderen absolvieren.

Ihr hörtet: „Der Geist durchdringt die Materie.“ Beachtet diese Worte! Desto mehr ihr liebt, betet und euch dem ewigen Geist hingebt, umso stärker wird der Mensch die zentrale Macht

Gottes fühlen; dadurch kann der Geist die Materie durchdringen. Die Bewusstseinsstufen des Geistes sind mit den Lebensnerven und mit euren Organen verbunden. Sie allein bringen das Licht hervor, das der Mensch durch positives Denken entwickeln kann. Deshalb entwickelt euch im Geiste Gottes. Lebt in der Liebe, und versucht, in der Tatkraft Gottes zu wirken, dann werdet ihr auch die Grundstufe des Ernstes schneller durchschreiten und in den drei Kindschaftseigenschaften sein, die dem Reich der Vollkommenheit nahe sind.

Mein Reich ist nicht von dieser Welt! Als Jesus Bin Ich in diese Welt gekommen, Ich habe Fleisch angenommen und die Bürde des irdischen Daseins auf Mich genommen. Alle Bürden, die ihr als Menschen tragt, habe Ich ebenfalls getragen. Mir blieb nichts erspart. Ich weiß, was Mensch-Sein bedeutet, deshalb kann Ich Meine Kinder so gut verstehen!

Durch Mein Sprachrohr dringe Ich mit dem Wort des Lebens in die Menschenherzen ein, um den Menschen und die Seele aufzuklären und ihnen zu helfen, um euch das Wort des Lebens zu verkünden, um euch zu sagen, wie sehr der Christus mit euch fühlt. Jedes Herz möchte Ich aufklären und dadurch jede Seele weiterführen, dem hohen und vollkommenen Bewusstsein entgegen, das der Geist und nicht die Materie ist. Erkennet bitte das Wort „Geist".

Das Leben als Mensch kann qualvoll sein. Wer das Irdische als das Sekundäre betrachtet und den ewigen Geist als das Primäre, der wird sich nach dem Geiste ausrichten. Dadurch wird er auch im Laufe seiner Erdenjahre den Geist fühlen, der die Seele und die Materie durchdringt. Lebt mit dem Geist, so lebt ihr mit eurem Vater im Himmel! Lebt mit dem Erlösergeist, der Ich Bin, dann werdet ihr Mich in euch fühlen, dann werden sich die irdischen Qualen verringern und der Mensch wie auch die Seele werden die Freiheit in Gott erlangen. Wer die Sehnsucht zu Meinem Vater entwickelt, der in ihm wohnt, wird mit Ihm in Verbindung treten. Jeden Tag könnt ihr das durch die Kraft des Gebetes und der Stille tun. Liebt die Stille. Versucht, für einige Stunden der lauten Welt zu entfliehen, um mit Gott, eurem Vater, Zwiesprache zu halten; so hält auch Gott mit euch Zwiesprache, denn der Vater und Ich, Wir sind eins!

Ihr seid Kinder Gottes, vor Gott seid ihr *alle* gleich. Es gibt keinen Unterschied, nur die Welt macht die Unterschiede, nicht aber der Geist. Liebt euch untereinander, helft und dient, dann werdet ihr erkennen, dass das Erdenleben zu ertragen und gut zu überwinden ist. Ich habe es gelebt und habe es ertragen. Oft fühlte Ich Mich als Mensch schwach und glaubte, dies Erdenleben nicht ertragen zu können, so auch die Menschen mit ihren Meinungen, mit ihrem Eigenwillen.

O sehet, dann ging Ich in die Stille. Das könnt ihr auch; geht in den Wald, geht über die Fluren, überall begegnet euch Gott, euer ewiger Vater. Das musste auch Ich als Jesus lernen, die Stille in Mir zu finden.

Friedvoll und gottergeben wurde Meine Seele, wodurch Ich die sieben Stufen im Erdenleben vollkommen erreichte. Ihr sagt: „Du warst und bist Gottes Sohn." Ich wiederhole, was Ich schon des Öfteren sagte: Ihr seid alle Söhne und Töchter des ewigen Vaters; Ich habe euch auf dieselbe Stufe gestellt. Gott ist die Liebe – so, wie Er Mich liebt, liebt Er auch euch, und so wie Er euch liebt, so liebe Ich euch, Ich, der Befreier eurer Seelen.

Deshalb tretet in die Tat ein und verwirklicht sie durch den positiven Gedanken, durch den Willen Gottes, indem ihr positiv handelt. Sagt immer wieder: „Herr, Dein Wille geschehe."

Wer Seinen Willen tut, kann bald nach der Entkörperung in der Stufe der Weisheit schöpfen, sofern er sich im Erdenkleid auf die Stufe der Weisheit begeben hat.

Der Mensch ist auf der Erde, um zu lernen und seine Seele zu regenerieren, damit die Seele ins Vaterhaus heimfindet. Heim in die Ewigkeit sollte die Devise jeder Seele lauten. Zu Hause im Ewigen Reich sind eure ewigen Wohnstätten. Dort sind Häuser, aus der Urmaterie erdacht, die schon lange unbewohnt sind. Besitzet das innere Reich, das Gottesreich, das euch von Urbeginn durch des Vaters Liebe bereitet wurde, denn ihr seid Kinder dieser Liebe; ihr seid Geistwesen einer anderen Dimension, die Christus nach Hause führen möchte durch die Liebe des Vaters, durch die Erlösung des Sohnes, der die Barmherzigkeit ist. Amen.

Vierte Seelenstufe (Ernst)

Mein Frieden und Meine Liebe sind bei euch. Erschließt eure Herzen für das Wort Meines Lebens, es soll in die inneren Bereiche eindringen, denn Ich Bin das Leben. Die Worte sind nicht für die menschlichen Sinne gesprochen, sondern im Besonderen für die Herzen. So ihr die Worte mit eurem Verstand aufnehmt, werdet ihr nicht den mentalen Aspekt haben, denn der Geist der unendlichen Liebe ist in euch! Sobald sich der Mensch für den göttlichen Geist erschließt, wird Er sich in der Seele und im Menschen bemerkbar machen, denn Geist ist Bewegung. Wenn der Mensch den Geist Gottes bejaht, dann wird Er dem Menschen vieles übermitteln, auch das, was er hier in den Worten noch nicht verstanden hat.

Schließt euch für die unendliche Liebe auf, die in allen Herzen waltet und sich entfalten möchte. Eure Seelen sollen zubereitet werden, denn der Mensch, der in der Lebensschule

„Welt“ ist, soll sich bewähren, damit einst Seele und Geist in die höheren Bewusstseinsstufen eingehen können.

Wie sieht es mit dem Menschengeschlecht aus? Wie denkt es über Gott, den ewigen Vater? Wie denkt der Mensch über Christus, seinen Erlöser? Die Erlösung, die sich vor rund 2.000 Jahren auf dem Berg Golgatha vollzog, ist in jeder Seele, es ist das „Ich Bin“, der allgegenwärtige Geist, der zu euch Menschen spricht. Eure Seelen sollten sich für Gott zubereiten. Die Zubereitung kann nur sein, wenn ihr bewusste Kinder Gottes werdet, denn so steht es in der Heiligen Schrift geschrieben: *„Werdet wie die kleinen Kinder, denn ihrer ist das Himmelreich.“* Wo sucht der Mensch seinen Himmel? Außerhalb seines ewigen Selbst oder in sich? Ich sage euch: Sucht den Himmel in euch, und werdet wie die kleinen Kinder. Erst dann ist euch das innere Reich Gottes nahe, und die Seele wird ihren Weg zu Mir finden, den Ich für jede einzelne erschlossen habe.

Meine lieben Kinder, erwacht in der Seele und hört die Stimme eures Erlösers, der die Seele über sämtliche Reinigungsstufen führt. Wohl dem Menschen und der Seele, die das Heil auf dieser Erde und in dieser Lebensschule erkannt haben. Das hohe Bewusstsein des „Ich Bin" soll in jeder Seele erschlossen werden, es beginnt bei der ewigen Ordnung des Vaters. Ordnet eure Gedanken, erfüllt Seinen Willen, achtet Seine Intelligenz und hört auf Seine mahnende Stimme, den Ernst; denn Gott, unser ewiger Vater, ist das Leben der Seele. Die Eigenschaften, oder Wesenheiten Gottes genannt, sind die Gesetzesstufen der Seele. Diese Bewusstseinsstufen sind göttliche Himmel und auch Reinigungsebenen, sie müssen sich in der Seele vollkommen entfalten, das geschieht nur durch die Selbsterkenntnis und das entsprechende Leben.

Die Stufe des Ernstes ist die waltende Schöpferliebe; diese Lichtregion ist in der ewigen Heimat im Besonderen für das Mineral-, Natur- und Tierreich erschlossen, da die geistigen Kollektive nicht auf die Vaterliebe reagieren, sondern im Besonderen auf die Schöpferliebe des Ernstes. Jede Seele besitzt alle Eigenschaften und Wesenheiten in sich, deshalb muss sie sämtliche Stufen durchlaufen, d.h. erkennen und leben, dann erst wird sie das nächsthöhere Bewusstsein erlangen. Ich nenne die Bewusstseinsstufen auch die Lebenszentren der Seele und des Menschen. Hat die Seele Ordnung, Wille und Weisheit durchschritten, so ist sie weitgehend in ihrem geistigen Wirken gefestigt, das heißt, sie hat sich weitgehend stabilisiert. Deshalb nenne Ich auch die Wesenheiten Gottes die Stabilisatoren der Seele.

Auf der Grundstufe des Ernstes müssen wiederum sämtliche Unterstufen aktiviert werden, d.h. die Seele muss sich weiter vervollkommnen, um von der nächsthöheren Eigenschaft der Geduld, die wir die Kindschaftseigenschaft nennen, angezogen zu werden, denn alles beruht auf der geistigen Gravitation. Wer das Licht aktiviert, kann vom Licht angezogen werden.

Wer in seiner Dunkelheit verharrt, bleibt an sie gebunden, bis der Christus Gottes, der die Liebe und Barmherzigkeit ist, erkannt und gelebt wird. Nach der Auferstehung machte Ich durch eine verringerte geistig atomare Kraft Meinen Ätherkörper wieder für viele sichtbar. Vieles wurde den Menschen übermittelt, doch sie verstanden den Sinn und Zweck Meines Wirkens und der Kreuzigung sowie auch der Auferstehung nicht. Deshalb sind die Massen heute noch an ihre Anschauungen gebunden. Die geistige Energie kann sich in den Seelen der Menschen nicht entfalten, da sie den Zweck Meines Erdenlebens nicht erkennen.

Die Seele ist der Mikrokosmos im Makrokosmos, deshalb muss eine völlige Harmonie zwischen Universum und der Seele hergestellt werden. Ist das nicht der Fall, so bleiben die Seelenpartikel ohne geistiges Licht, das heißt, sie können sich nicht geistig belichten, da die Seele durch ihren irdischen Lebenswandel gehemmt und dadurch zum Teil verpolt ist. Auch wenn sie die drei ersten Stabilisatoren absolviert hat und schon viel Licht in sich trägt, so ist sie trotzdem für weitere Stufen noch nicht ausgerichtet.

Auch auf der Grundstufe des Ernstes muss jede Seele alle Unterstufen erkennen, das Erkannte leben; erst dann erblüht die Seele und erwacht zu dem nächsthöheren Bewusstsein. So wie die Erde ihre vier Jahreszeiten hat, so hat die Seele ihre vier Stabilisatoren oder Wesenheiten; an sie schließen sich die Kindschaftseigenschaften an, die ebenfalls in der Seele sind und zur Vollreife erblühen müssen.

Jedes Kind trägt bewusst oder unbewusst die Vaterliebe in seiner Seele, so auch die Schöpferliebe; sie ist die Verbindung zum Mineral-, Natur- und zum Tierreich, denn alles ist in allem enthalten. Die geistig atomare Kraft ist nicht außerhalb der Schöpfung, die Schöpfung muss zu einem Begriff des Ganzen werden. Das vollzieht sich im Besonderen in diesen vier göttlichen Stabilisatoren oder Wesenheiten, die zugleich die göttlichen Eigenschaften sind.

Was bedeutet die Schöpferliebe, die besonders der göttliche Ernst ausdrückt? Es heißt: Gott ist Liebe, und alles, was Er schuf, schuf Er aus der Liebe zu allem Leben. Deshalb liebt die Natur und das Tier das Licht. Instinktiv drängen sie zum Licht und zur Wärme. Sie leben durch die Kraft des Lichts; es ist für sie die Empfindung der Liebe. Deshalb empfinden die geistigen Gattungsfelder das Licht als den Kraftstoff der Liebe. Auch die Seelen und Menschen sehnen sich nach diesen geistigen Stoffen, die von ihnen unmerklich aufgenommen werden; sie sind das Licht des Geistes, das durch die vier Wesenheiten Gottes allem Leben gegeben wird. Jede Seele wurde nach diesem kosmischen Prinzip aufgebaut.

Ich wiederhole den Werdegang des Seelenaufbaus vom Mineral; es ist eine Gattungsform, die nach ihrer Reifezeit zur Natur überwechselt und dann in das Tierreich eingeht. Wir nennen die Gattungsformen Entwicklungselemente. Das ist kurz dargelegt der Werdegang für jede vollkommene Seele.

Der Ernst ist die Schöpferliebe, er ist im Besonderen das Licht für die geistigen Kollektive. Durch die ersten drei Wesenheiten, auch Eigenschaften genannt, reifen die göttlichen Kollektive. In der vierten Wesenheit kommen sie zur Vollreife. Die Mineralströme sowie die Naturelemente und Tierseelen werden durch die göttlichen Spektrallichter zur Vollreife gebracht. Diese Entwicklungsphasen gestalten sich im Entwicklungsreich, das seine vier Himmel oder Entwicklungsstufen hat; sie sind nur für den Reifeprozess der Naturseelen gedacht, die erst nach dem Naturwesen in die Kindschaft erhoben werden können. Die Mineralien haben nur Entwicklungsstrahlen; sie reifen durch die göttliche Einstrahlung. Ihr Werdegang vervollkommnet sich in den verschiedenen Formen des Natur- und Tierreichs. Über diese Seelenentwicklung werde Ich zur gegebenen Zeit lehren. Es war nur ein Anklang aus dem großen Geschehen einer Unendlichkeit.

In der Reinigungsebene des Ernstes muss jede Seele diese göttlichen Lichtregionen erschließen. Der Werdegang der Seele in der Grundstufe und in den Unterstufen ist folgender: Der Lehrengel lehrt und weist die Seelen im Besonderen auf die göttlichen Gattungsfelder, auch Kollektive genannt, hin. Auf der Stufe des Ernstes wird der Seele die Beziehung zu allem Leben gelehrt. Von der Ordnungsstufe bis zur Stufe des Ernstes wurde jede Seele auf die geistige Verbindung mit der Schöpfung hingewiesen und auf die Ganzheitsstruktur der Seele, die alles in sich birgt. Die Seelen haben in den anderen Wesenheiten schon die Verbindung zum Schöpfungsprinzip gelernt, doch auf den Stufen des Ernstes müssen sie das Gelehrte vollkommen leben.

Jede Seele muss zu allem göttlichen Leben eine Beziehung herstellen, die durch die kosmische Strahlung eingeleitet wird. Die Liebe zum Schöpfer und zur Schöpfung muss in der Seele vollkommen erblühen, kein Seelenpartikel darf unrein sein.

Auf eurer Erde könnt ihr die Worte ohne tiefen Sinn und ohne Empfindung gebrauchen, wie z.B. „ich liebe die Tiere oder die Natur". Wie oft spricht der Mensch: „Welch ein schöner und wertvoller Stein!" Die Worte fließen sehr oft ohne Regung dahin, doch auf den Stufen des Ernstes gibt es nur die Empfindung und nicht das Wort. Als reifende Seele kann dir wohl der Anblick eines Tieres oder der göttlichen Natur sowie des Minerals gefallen; solange es dabei bleibt, werden deine Seelenpartikel nicht belichtet, sie verharren regungslos. Erst wenn du die Schöpfung von der niedrigsten Form des Minerals bis zur vollkommenen Naturseele liebst, wird deine Seele ein vollkommenes Lichtgefüge werden. Auf deiner Erde kannst du den Wurm, den Käfer, die Fliege oder die Spinne ablehnen, im Reich der Entwicklung bleibst du in deiner Seele genauso gehemmt wie auf der Erde im Erdenkleid. Als Mensch siehst du die Schatten deiner Seele nicht, doch als Seele wird dir dein Kleid und dein Unvermögen gezeigt. Dasselbe gilt im Mineral sowie im Tierreich. Auf deinem Erdplaneten beutest du ohne zu denken die Lebensprinzipien des Minerals aus. Auch dem Tier schenkst du wenig Beachtung.

Das, o Menschenkind, wird alles in das Buch des Lebens geschrieben, das in dir ist – es ist deine Seele! Im Reich der Entwicklung wird es dann aufgeblättert, d.h. in deinen verschatteten Seelenpartikeln siehst du dann deine Belastung. Sie bildet dein geistiges Kleid. So wie der Erde Ausstrahlung die Atmosphäre ist, so ist deine Seelenausstrahlung dein Geistkleid, das den Zustand deiner Seele aufweist.

Wer mutwillig tötet, wird abtragen. Wer hat die vielen Parasiten geschaffen? Ich sage euch, sie sind Abarten, die durch das Unvermögen der Menschen entstehen. Wer hat die Erde in den unfruchtbaren Zustand gebracht? Wiederum der Mensch. Das Leben der Erde wies Tiere auf, die Ich „Naturputzer" nennen möchte; ihr Zusammenwirken, das vom Kosmos aus gesteuert wird, ist durch Menschenhand unterbunden. Ihre Aufgabe war, die Erde und die Gewässer für den Menschen aufzubereiten, doch die Unwissenheit Meiner Kinder und ihr Leben, das auf Ausbeutung ausgerichtet ist, haben sie zum größten Teil zerstört.

Das alles muss in den Stufen des Ernstes erkannt, abgetragen und dann das Bewusste in Liebe aufgebaut werden. Erst wenn die Seele die wahre Verbindung zu allem Leben trägt, d.h. wenn die Seelenpartikel gereinigt sind und ganz in den Lichtregionen der Ordnung, des Willens, der Weisheit und des Ernstes schwingen, dann hat die Seele ihr Kleid stabilisiert.

O sehet, Meine lieben Kinder, wer in der Erdenschule Kenntnisse erwirbt und sie auch lebt, wird im Seelenkleid eine kürzere Abtragungszeit haben. Die Seele ist ein Kind der Schöpfung, das durch die geistige Vererbung von Gott-Vaters Eigenschaften Geduld, Liebe und Barmherzigkeit zum vollkommenen Kind erhoben wurde. All diese Eigenschaften sind das Erbgut der Seele.

Deshalb, wenn Ich sage „besitzet das Reich“, so meine Ich: Tretet euer geistiges Erbe an. Anerzogene irdische Weisheiten bringen der Seele wenig, sie könnten Anregungen für die göttliche Weisheit sein, so der Mensch darauf aufmerksam gemacht wird. Deshalb heißt es: Herzenswärme und Seelenweisheit vor Verstandeswissen! An was der Mensch sich auf der Erde bindet, an das bleibt die Seele gebunden, bis sie sich eines Besseren belehren lässt.

Bist du an eine Anschauung oder an ein Dogma, an eine bestimmte Lebensweise gebunden, wirst du auch in den Stätten der Reinigung gebunden sein. Der Mensch, der um den inneren Wesenskern weiß, der in jeder Seele ist, wird schneller die Lichtregionen erlangen, so er nach dem Gebot der Gebote lebt: „Liebe deinen Gott und Vater über alles und deinen Nächsten wie dich selbst; liebe die Schöpfung in allen Einzelheiten, denn die Ganzheit des Schöpfers ist in dir."

Nur der wird im Erdenkleid Kraft schöpfen und seine Seele in der Lebensschule „Erde" weitgehend regenerieren, der in Gott lebt und die Einzelheiten einer unendlichen Schöpfung erkennt. Das sollte das Ziel Meiner Erdenkinder sein.

Wer die Grundstufe des Ernstes und ihre Unterstufen absolviert hat, ist frei von Erdstrahlung. Er ist ein sogenannter Halbengel, der sich weiterhin mit dem Erbgut des Vater-Mutter-Gottes vertraut macht: Geduld, Liebe und Barmherzigkeit. Diese Halbengel sind auch Lehrengel in den vier Wesenheiten oder Eigenschaften Gottes genannt.

Das Rüstzeug hat der Mensch durch Mein Golgathaopfer erhalten. Wer in Mir lebt und Ich bewusst in ihm, der weiß um sein Rüstzeug, das er auch in Meinem Namen zu gebrauchen weiß; denn wer Mich liebt, liebt Meinen Vater im Himmel, der durch Mich Seine Werke tut. Wer Mich liebt, der liebt den Nächsten, in dem Ich ebenfalls Wohnung genommen habe. Wer Mich und Meinen Vater liebt, wird zum Kind des göttlichen Vaters, der es in alle Lebensformen einweist, und das kann schon hier auf dieser Erde sein.

Mein Friede und Meine Erkenntnisse sollen in euch Wurzeln schlagen, damit Ich euch noch mehr offenbaren kann.

Amen.

Fünfte, sechste und siebte Seelenstufe (Geduld, Liebe und Barmherzigkeit)

Der allmächtige ewige Geist ist in jeder einzelnen Seele waltend. Er ist liebevoll, hilfsbereit und gut. Er hat die Erde für die Liebe erschlossen, dadurch ist die Liebe auf dieser Erde waltend. Sie wendet sich jeder Seele ewig zu. Nehmt diese Liebe in eure Herzen auf und vergegenwärtigt euch Mein Bewusstsein.

Ich Bin der Christus Gottes, der Gekreuzigte und Auferstandene, der Übermittler dieser Worte, damit der Mensch und des Menschen Seele die ewig waltende Kraft erkennt, die sich jeden Augenblick seines ewigen Lebens in allem Sein ausdrückt. Um die ewige Heimat zu erlangen, müssen der Mensch und jede Seele von Liebe durchdrungen sein. Die Mängel der Menschheit sind Egoismus, Habgier, Geiz und Neid, die keine Herzenswärme hervorbringen, wodurch sich die Seelen für die Eigenschaften Gottes nicht entfalten können.

Jede Seele erlebt ihren Reifeprozess zum ewigen „Ich Bin“. Dieser Aufstieg erfolgt nur über die sieben Lebenszentren, die auch Bewusstseinsstufen oder Eigenschaften und Wesenheiten Gottes genannt werden. Den Aufstieg kann der Geist nur erörtern, wenn der Mensch und die Seele geistig rege sind, wodurch sie das Ziel erreichen. Wer sich bemüht, dem wird vom ewigen „Ich Bin“ die Kraft für den Aufstieg gegeben, damit er sich selbst erkennt und weitere Fortschritte erzielen kann.

O Mensch, erkenne deine Welt und dich selbst. Erst nach der Erkenntnis beginnt das Leben, das du ausleben musst, um zu reifen. Wenn sich die Seele selbst erkennt, beginnt die Reife, das Streben und das wahrhaftige Leben in Gott. Solange sich der Mensch und die Seele nicht selbst erkennen, ist es ein Vegetieren auf der Erde und in den Reinigungsstätten im niederen Bewusstsein „Mensch“.

Der allmächtige Geist sandte Mich, damit sich der Mensch der Liebe und Barmherzigkeit zuwendet und in der Lebensschule „Erde" seine Seele nach dem Gesetz des Lebens reinigt und erquickt. Nur der ewige Geist ist die lebendige Quelle in jeder Seele. Solange der Mensch und die Seele davon nicht trinken, sind die weiteren göttlichen Eigenschaften für die Seele verschlossen. Viele Meiner Kinder sind sehr weit von den Gesetzmäßigkeiten des Lebens entfernt, da ihnen die göttliche Stimme fremd geworden ist. Gott, der Herr, ist für die meisten Meiner Kinder ein Fabelwesen, das sich irgendwo im Verborgenen aufhält.

Durch Mein Leben als Jesus und Mein Kreuzesopfer ist der Satan gebannt, doch im menschlichen „Ich" ist noch ein Erbgut des Satans; es sind die negativen Gedanken, die durch den gezüchteten Intellekt erneut auftreten. Ich nenne dies Erbgut den „Satan der Sinne". Er stiftet Verwirrung unter Meinen Kindern und verlangt Beweise. Er sucht nach dem Realen und Wirklichen, er sucht nicht im „Ich Bin", in der für Meine Menschenkinder verborgenen Kraft, sondern im Zeitlichen, das für ihn schaubar und realisierbar ist. Der Intellekt hält die ewigen Wahrheiten in der Seele gefangen. Sie sind nur zu erfahren und zu erleben, wenn der Mensch gläubig und vertrauensvoll wird. Der Intellekt ist eine Gefahr für die Seele, sie kann durch erhebliches Verstandeswissen lange Zeit in einer Reinigungsebene gebunden sein.

Deshalb lautet das Gesetz Meines Vaters: Seelenweisheit vor Verstandeswissen, Herzenswärme vor Intellekt! Wer kein Herz für den Nächsten hat, ist nicht reif für den Eintritt ins Gottesbewusstsein. Die vier Seelenstabilisatoren können nur absolviert werden, wenn das Gebot der Gebote ganz gelebt wird: *„Liebe deinen Gott und Vater über alles und deinen Nächsten wie dich selbst“*. In diesem Gebot sind auch die Lebensformen vom Mineral- bis zum Tierreich und der vollkommenen Naturseele enthalten.

Der äußere Reichtum ist der Seele oftmals ein Mühlstein am Hals; der innere Reichtum macht den Menschen und die Seele frei. Er lenkt sie zu den höheren Erkenntnissen, die in den Kindschaftseigenschaften Geduld, Liebe und Barmherzigkeit sind. Deshalb öffnet eure Herzen und Ohren für den Geist, denn sieben Grundstufen, in ihnen die Unterstufen, werden als Gesetzmäßigkeiten in eurer Seele aufrechterhalten. Alle siebenmal sieben müssen von der Seele geöffnet werden.

Jesus von Nazareth, der Christus Gottes, sprach und spricht: „*Was du aussäst, wirst du ernten.*" Dein Gedanke ist ausschlaggebend für die Entwicklung im ewigen Leben. Wenn der Mensch ziel- und planlos ohne eigene Selbstkontrolle und Selbstkritik über diese Erde geht, kann die Seele großen Schaden nehmen, der oftmals erst in Äonen zu beheben ist. Wenn die Seele durch die Entwicklung der vier Wesenheiten gereift ist und in die weiteren aufbauenden Stufen der Geduld, Liebe und Barmherzigkeit geht, dann hat sich die Seele weitgehend entwickelt und entfaltet; sie ist keine Seele im Sinne der Belastung mehr, sondern sie nähert sich der Vollkommenheit.

Diese aufwärtsstrebende Seele, die in die drei Kindschaftseigenschaften eingetreten ist, nennen wir einen Halbengel, da das Geistwesen kurz vor seiner Vollendung steht.

Was sind die besonderen Merkmale dieser drei geistigen Stufen? In diesen Lichtregionen wird dem Halbengel die Verbindung zum Vater-Mutter-Prinzip gelehrt. In der Grundstufe der Geduld heißt es im Besonderen: „*Keiner kommt zum Vater, denn durch Mich, Christus.*" Die vier Reinigungsebenen kann jede Seele absolvieren, einerlei, ob sie an den Sohn Gottes, ihren Erlöser, glaubt oder nicht.

Jene, welche die Stufen im Christusbewusstsein gehen, werden sich in den Kindschaftseigenschaften nicht schwertun, allerdings jene Geistkinder, die nicht im Christusbewusstsein gelebt haben, sondern den Geist Gottes ohne Christus anstrebten. Ihnen wird nun geoffenbart, dass ohne die Anerkennung des Sohnes Gottes, der der Mitregent im Ewigen Reich ist, sich die Ganzheit in der Seele nicht entfalten kann.

In diesen Kindschaftseigenschaften trennen sich die Kinder von der christlichen Lehre, die im Erdenkleid anders belehrt wurden. Hier heißt es wieder: Menschen, die mehr Herzensbildung als Verstandeswissen hatten, sind auch als erwachende Geistwesen viel leichter zu lenken und können dem Sohn Gottes schneller nähergebracht werden als die beharrlichen Konfessionsanhänger, denen das Dogma über allem stand.

Vor dem Himmelstor sind Planeten, auf denen jene Kinder Gottes leben, die Mich, den Sohn, nicht annehmen. Die Planeten werden von Meinen Kindern Weisheitsplaneten genannt. Sie haben allerdings mit der göttlichen Ebene der Weisheit nichts zu tun. Diese Halbweisen leben wohl im Gottesbewusstsein, doch nicht in der Christusanerkennung.

Von diesen Weisheitsplaneten sind viele Wesen unter den Menschen, entweder im Geistkleid oder inkarniert. Sie sind die Vertreter dieser Weisheitsstufen; von ihnen hat die östliche Lehre viel übernommen. Diese Wahrheiten sind nicht zu verachten, da sie das Gottesbewusstsein anstreben, doch nicht die Erlösung, die ihre Seele ebenfalls braucht, um in die Ganzheit des Lebens eingehen zu können.

Keine Seele wird die Vollkommenheit erlangen, nur durch Mich. Ich Bin der Hüter des göttlichen Tores. Keiner wird dort eingehen, nur durch Mich. Meine Kinder, seid strebsam in dem Gebot der Liebe im Namen des Vaters und des Sohnes – darum bitte Ich euch. Tragt das Evangelium der Liebe und Erlösung zu den noch vom Christusbewusstsein abseits lebenden Kindern, denn jede Seele trägt den Funken Meiner Erlösung, der entfacht werden sollte.

In den drei Grundstufen der Geduld, Liebe und Barmherzigkeit sind wiederum die anderen Eigenschaften – oder Wesenheiten genannt enthalten. Von neuem wird über die Partikelstruktur der Seele und über die kosmische Anziehung gelehrt.

In den Seelenpartikeln befinden sich die geistigen Elemente, die durch den Gedanken, der im Geistwesen eine Empfindung ist, angeregt werden. Die göttlichen Elemente bestehen aus dem geistigen Aufbau; wir nennen sie zum besseren Verständnis Meiner Kinder „Feuer, Wasser, Erde und Luft". Sie sind geistiger Natur. Sie bilden wiederum die Wesenheiten Gottes. Diese Elemente werden über die Empfindung des Geistwesens zur dementsprechenden Tätigkeit angeregt.

Die Lehrengel lehren Folgendes: Alles, was du siehst, beruht auf Strahlung und auf dem geistigen Gravitationsgesetz.

Sobald du z.B. an ein Geistwesen denkst, bringst du in einem Seelenpartikel die Elemente zur Rotation, wodurch sich die angesprochene Partikelstruktur auf Senden und Empfangen ausrichtet. In einer für den Menschen unvorstellbaren Schnelligkeit ist diese Verbindung hergestellt, da die Ewigkeit zeit- und raumlos ist. Entweder kann das Geistwesen oder der Halbengel die Antwort in sich wahrnehmen oder aber auch die Bewusstseinsstufe in sich sichtbar machen, in der sich das angesprochene Geistwesen befindet, da es – wie Ich schon sagte – keinen Raum und keine Zeit gibt.

Das Öffnen der Bewusstseinsstufe geschieht, indem das Geistwesen oder der sich in der Schulung befindliche Halbengel mehrere geistige Partikel anspricht, wodurch die göttlichen Elemente in eine geistig höhere Schwingung gebracht werden, daraufhin sich die geistige Stufe öffnet. So und ähnlich wird dem geistigen Schüler auf den Grundstufen der Geduld, Liebe und Barmherzigkeit die Strahlung und die geistige Gravitation erklärt.

Möchte ein Geistwesen von einem zum anderen Planeten oder von einer Himmelsebene zur anderen, so werden wiederum die Elemente über die göttliche Empfindung angeregt. Dadurch kann sich das Geistwesen auf den von ihm selbst bestimmten geistigen Magnetstrahl begeben, wodurch es von dem Planeten oder von der Himmelsebene angezogen wird.

Dies Geschehen, Meine Kinder, kann man weder in der Lichtgeschwindigkeit, noch an einem Gedanken messen. In einer unvorstellbaren Schnelligkeit geschieht das. Bei diesen geistigen Übungen entwickelt sich die ganze geistige Kraft einer vollkommenen Seele.

Der Lehrengel belehrt auch die erwachenden Geistwesen über die Familien der ewigen Heimat und über die Dualitäten sowie die Seelen- und Sippenverwandtschaften. Soweit die Seele diesbezüglich noch keinen Wert auf Erfahrung gelegt hat, muss nun das erwachende Geistwesen, auch Halbengel genannt, das allumfassende Leben erkennen und sich mit ihm vertraut machen. Es wird die Frage gestellt: „Weshalb hat Gott, unser Vater, diese drei Kindschaftseigenschaften ins Leben gerufen?“ Die Antwort lautet: Weil wir Kinder Gottes sind! Weitere Fragen werden an die Lehrengel gestellt: „Wenn wir Kinder Gottes sind, sind wir dann alle geschaffen oder auch geistig gezeugt? Weshalb ist Gott der Vater-Mutter-Gott?“ Die Antworten des Lehrengels werden folgende sein: Aus dem Vater-Mutter-Gott gingen die ersten Schaffungen hervor. Gott, der Herr, schuf männliche und weibliche Geistwesen. „Weshalb schuf Gott, der Herr, männliche und weibliche Geistwesen?" Diese Frage wird oft beantwortet, da sich viele Meiner Kinder für diese geistigen Gesetze schon auf Erden oder in den geistigen Reinigungsebenen interessiert haben.

Um jene Halbengel, die wenig oder gar nichts wissen, wird sich der Lehrengel ganz besonders bemühen, damit dieses wunderbare Gemeinschaftsleben in Gott, unserem Vater, seinen Geschwistern nähergebracht wird. Was er seine Geschwister lehrt, das lehre auch Ich, Christus, der Lehrmeister des Neuen Bundes, Meine Kinder in der Lebensschule Erde.

In der ewigen Heimat gibt es Duale. Es sind geistige Paare; sie entstammen aus den sieben geschaffenen Eigenschaften Gottes. Diese Eigenschaften Gottes sind die ersten Himmelssöhne und -töchter, die aus dem Vater-Mutter-Prinzip geschaffen wurden. Das Vater- und Mutterprinzip besteht aus der göttlichen Wechselwirkung. Gott vereint in sich alles, Vater und Mutter, Positiv und Negativ.

Aus diesem Vater-Mutter-Prinzip wurden weitere Geistwesen gezeugt, sie bilden die Geistverbindung. Aus der Geistverbindung entstanden und entstehen die Sippen. Geistverbindung nennen wir die unmittelbaren Geistwesen, die aus einem Dualpaar entstanden. Weitere Dualverbindungen aus den Geistverbindungen nennen wir die Sippen.

Allerdings gehen alle Kinder Gottes aus dem Ursprung hervor, nämlich aus Seiner göttlichen Wechselwirkung, weil das Gott-Vater-Mutter-Prinzip in alle Geistkinder ewig einfließt. Es ist die Kraft des Vaters, der Seine Kinder durch die Geduld, Liebe und Barmherzigkeit zu Kindern Gottes gemacht hat. Der Geist der Liebe hauchte und haucht jeder Naturseele, die zum Gotteskind erhoben wird, den Odem Seines Lebens ein, den Vater-Mutter-Odem durch Seine Eigenschaften Geduld, Liebe und Barmherzigkeit.

Im Reich Meines Vaters wird weder gefreit, noch gibt es ein Begehren, sondern alle leben nach dem Prinzip der Reinheit, welches das gebende und nehmende Prinzip ist. Jedes Dualpaar, aus dem weitere Geistkinder hervorgehen, lebt in der Liebe zum Vater-Mutter-Gott und in der Verbindung zueinander und miteinander. Eine geistige Zeugung wird durch ein bestimmtes göttliches Spektrallicht angeregt. Den Halbengeln kann darüber mehr mitgeteilt werden, da sie sich mit ihren Seelen- und Sippenverwandtschaften verbinden sollen. Euch, Meine lieben Kinder, wurde und wird darüber mehr gesagt, sobald die Seele eine gewisse Reife hat.

Auf der Erde sind alle Erkenntnisbreiten vorhanden, deshalb kann nicht jeder Seele diese geistige Wahrheit jetzt schon übermittelt werden. Erst dann wird es sein, wenn die Seele die nötige Reife trägt.

Wer bittet, dem wird gegeben, das heißt, wer sein Dual oder ein Geistwesen aus der Seelen- und Sippenverwandtschaft bei sich haben oder kennenlernen möchte, der darf seine kosmische Seele auf diese Verbindung ausrichten. Es ist derselbe Vorgang, den Ich schon erklärt habe, es ist das Ausrichten der geistigen Partikelstruktur auf die göttlichen Elemente, wodurch die gewünschte Verbindung hergestellt werden kann.

Geistiges Denken nennen wir Empfindung, denn die Geistwesen haben weder Zellen noch Organe, sie sind in der göttlichen Partikelstruktur aufgebaut. Ihre Wesensart ist die Empfindung, die in den Geistpartikeln reflektiert wird.

Für viele Halbengel gibt es ein großes Erwachen, wenn sie ihre nächsten Geistverwandten sehen. Sie erkennen entweder im Dual oder in einem anderen Geistwesen aus der Geistverbindung ihren Schutzgeist, der sie entweder beim Austritt aus dem Erdenkleid belehrt hat oder während ihrer Seelenreife immer wieder besuchte und mit ihnen sprach. Andere Halbengel treffen erst auf ihre ganze geistige Familie, wenn sie als ausgereiftes Geistwesen das Tor zur Vollendung passiert haben. Auf jeden Fall, Meine Kinder, ist die Freude unbeschreiblich groß, denn spätestens in der Vollendung sind dem Geistwesen die geistigen Familienmitglieder oder das Dual nicht mehr fremd, denn alles, was für die Erde und durch die Belastung abgedeckt war, ist nun wieder vollkommen erblüht. Diesen Weg muss jede Seele gehen.

Für Meine Erdenkinder wäre es ratsam, in der Erdenschule sich diese Erkenntnisse anzueignen und die Stufen zu leben, damit sich bald nach der Entkörperung die Vollendung erschließen kann. Viele von diesen reifen Seelen, Halbengel oder durch die Vollendung auch Geistwesen genannt, haben in ihren Herzen eine unsagbar große Freude. Die Freude, in der Heimat zu sein und wieder alles zu besitzen, bringt viele zum Nachdenken. Sie empfinden das geistige Weh ihrer Brüder und Schwestern, was besagt: Auch wir warten sehr auf die Brüder und Schwestern, die schon viele Lichtäonen in den Stätten der Reinigung sind und immer wieder den Kreislauf einer erneuten Inkarnation machen. Viele von den Halbengeln oder vollkommenen Wesen haben noch sehr die Lehrsätze der Lehrengel in sich, durch die sie gereift sind und die Vollendung erlangt haben.

So lauten oft die Bitten: „Wir wollen als Halbengel oder als Geistwesen über die Reinigungsebenen gehen und unseren Brüdern und Schwestern dasselbe lehren, was uns auf liebevolle Weise gelehrt wurde.“ Die Halbengel haben bei den verstockten Seelen oft mehr Erfolg als ein Lehrengel, da sie von ihrem eigenen Werdegang ins ewige Paradies Gottes, vor dem sie stehen, erzählen. Sie sprechen über ihre eigenen Schwierigkeiten, die sie hatten, und wie sie es gemeinsam mit dem Lehrengel hielten, um zu reifen und um weitere Stufen zu erreichen. Viele Halbengel haben schon einer großen Anzahl von Seelen in allen Reinigungsebenen den Weg durch eigene Erfahrung gewiesen. Die Worte aus Meinem irdischen Leben können hier angewandt werden: *„Einer trage des anderen Last.“*

Die Halbengel bringen auch viele Seelen, die aus nichtchristlichen Konfessionen kommen, zum Christusglauben; allerdings geschieht alles unter dem Aspekt des freien Willens.

Meine lieben Kinder, diese Aufklärungen sind von eurem Erlöser, dem Christus Gottes, durch einen prophetischen Menschen gesprochen, sie sind zu eurer geistigen Erbauung und vor allem für die Seelenreife gegeben. Mein Leben steht im Dienst für Meine Kinder, die Ich über diese Reinigungs- und Bewusstseinsebenen zum Vater führen möchte und zu jenen, die im Geiste ihrer harren.

Mein Werk ist das Werk der Zurückführung. Über diese Grund- und Unterstufen oder auch Reinigungsebenen genannt, führt euch Christus im Vater mit den Boten des Lichts zur Vollendung.

Meinen Frieden lasse Ich in euren Herzen.

Amen.

PS: Zum besseren Verständnis: Engel sind reine Geistwesen, sie haben keine Flügel! In der materiellen Welt sind sie nur ein Symbol für Schnelligkeit und Schutz.

Lesen Sie auch …

Die großen kosmischen Lehren des JESUS von Nazareth

an Seine Apostel und Jünger, die es fassen konnten

mit Erläuterungen von Gabriele

Durch Gabriele, die Lehrprophetin und Botschafterin des Reiches Gottes in unserer Zeit, offenbarte Christus selbst das Gesetz des wahren Lebens, das Er vor mehr als 2000 Jahren den inneren Kreis Seiner Apostel und Jünger lehrte. Zum ersten Mal in der Geschichte der Menschheit sind Seine großen kosmischen Lehren allen Menschen zugänglich. Sie bringen uns die ewigen göttlichen Gesetze nahe und lassen uns hineinspüren in das Leben tief in unserer Seele, das unsere Heimat ist, und wir erfahren, wer wir in Wahrheit sind – kosmische Wesen, Kinder der unendlichen Liebe, auf dem Weg zurück in das Ewige Reich Gottes, von dem wir alle einst ausgegangen sind.

Die großen kosmischen Lehren des Jesus von Nazareth wurden durch Gabriele ausgelegt und erläutert. Sie zeigt auf, wie wir sie im täglichen Leben, in der Familie, im Beruf und in der Freizeit anwenden können.

896 S., geb., Halbleinen. ISBN 978-3-89201-585-7

Auch als E-Book

Das ist Mein Wort **A** *und* **Ω**

Das Evangelium Jesu

Die Christus-Offenbarung, welche inzwischen die wahren Christen in aller Welt kennen

Aufbauend auf dem „Evangelium Jesu", einem bestehenden außerbiblischen Evangeliumstext, offenbarte Christus selbst – erklärend, berichtigend und vertiefend – durch Gabriele, die Prophetin und Botschafterin des Ewigen Reiches, die Tatsachen über Sein Leben und Seine Lehre als Jesus von Nazareth.

Aus dem Inhalt: Kindheit und Jugend Jesu • Die Verfälschung der Lehre des Jesus von Nazareth in den vergangenen 2000 Jahren • Sinn und Zweck des Erdenlebens • Jesus lehrte über das Gesetz von Ursache und Wirkung • Voraussetzungen für die Heilung des Leibes • Jesus lehrt über die Ehe • Die Bergpredigt • Vom Wesen Gottes • Gott zürnt und straft nicht • Die Lehre der „ewigen Verdammnis" ist eine Verhöhnung Gottes • Jesus entlarvt Schriftgelehrte und Pharisäer als Heuchler • Jesus liebte die Tiere und setzte sich immer für sie ein • Über Tod, Reinkarnation und Leben • Die wahre Bedeutung der Erlösertat Christi ... und vieles andere mehr.

1080 S., geb., Halbleinen. Inkl. Audio-CD mit dem Ewigen Wort aus dem Reich Gottes: „Der Ruf des Christus Gottes" und „Die Erscheinung", gegeben durch Gabriele. ISBN 978-3-89201-960-2

Auch als E-Book

Taschenbuchausgabe: 1051 S., kart. ISBN 978-3-96446-275-6

Ein Frauenleben im Dienste des Ewigen

Mein Weg als Lehrprophetin und Botschafterin Gottes in dieser Zeitenwende

Seit nahezu 50 Jahren dient Gabriele Gott, dem Ewigen, als Seine Lehrprophetin und Botschafterin.

In ihren autobiographischen Schilderungen gibt sie einen Einblick in ihren Werdegang als Mensch und ihre Berufung zur Prophetin Gottes und was es bedeutet, in unserer Zeit Sein Wort, Seine Liebe und Weisheit auf die Erde zu bringen.

Gabriele schildert lebendig ihren Lebensweg von früher Kindheit an. Sie beschreibt die Anfänge des Prophetischen Wortes, die unmittelbaren Schulungen durch den Gottesgeist und den Aufbau des weltweiten Christus-Gottes-Werkes, und sie berichtet auch über die Widrigkeiten und Angriffe, denen sie als Frau im Dienste des Ewigen standzuhalten hatte.

212 Seiten, geb., Halbleinen.
ISBN 978-3-89201-799-8

Das Leben und Sterben, um weiterzuleben

Jeder stirbt für sich allein

Gibt es ein Weiterleben nach dem irdischen Leben? Was kann uns die Angst vor dem Sterben und dem Tod nehmen? Wie finden wir zu einem bewussten Leben, zu Sicherheit, Gelassenheit und innerer Standfestigkeit?
Gabriele erläutert in diesem Buch wesentliche Aspekte zum Leben und Sterben wie beispielsweise: was beim Sterben geschieht, und wie die Seele im Jenseits weiterlebt, oder wie man die Organtransplantation aus geistiger Sicht beurteilen kann.

Des Weiteren erhalten wir detaillierte Aufklärung über:

Das Erdendasein, ein Abschnitt des Lebens, den der Mensch positiv nützen und gestalten kann – Der Vorgang des Sterbens; die Abkoppelung unserer unsterblichen Seele vom physischen Leib – Aufbau der feinerstofflichen Seele und des physischen Körpers – Der Kreislauf der Natur zeigt uns die Evolutionsabläufe im Lebensweg des Menschen. Leben kennt keinen Stillstand – Der Weg jeder Seele ist die Rückkehr ins Vaterhaus. Die entkörperte Seele befindet sich in einem anderen Aggregatzustand ... u.v.a.m.

196 S., geb., Leinen. ISBN 978-3-96446-036-3. Auch als E-Book

Taschenbuch: 220 S., ISBN 978-3-96446-255-8

Gerne übersenden wir Ihnen
unser aktuelles Buchverzeichnis
sowie Gratis-Leseproben zu vielen Themen

Gabriele-Verlag Das Wort
Max-Braun-Str. 2, 97828 Marktheidenfeld
Tel. 0049 (0)9391/504-135, Fax 09391/504-133

www.gabriele-verlag.com